© Assimil 2014
ISBN 978-2-7005-0670-9
ISSN 2266-1158

Grafisch ontwerp: Atwazart

Frans

Estelle Demontrond-Box

Nederlandse bewerking door
Carine Caljon

B.P. 25
94431 Chennevières sur Marne cedex
France

Deze uitgave pretendeert geenszins een taalcursus te vervangen, maar als u wat tijd investeert in het lezen ervan en een paar zinnen leert, zult u snel kunnen communiceren. Zo wordt alles anders en doet u nieuwe ervaringen op.

Een tip: ga niet op zoek naar perfectie! Uw gesprekspartners zullen u mogelijke beginnersfoutjes graag vergeven. **Het belangrijkste is uw complexen opzij te zetten en te durven praten.**

Deel I

INLEIDING 9

Hoe gebruikt men deze gids? 9
Frankrijk: feiten & cijfers 10
Frankrijk: historische gegevens 11
De Franse taal 12

Deel II

KENNISMAKING MET HET FRANS 15

Dag 1 tot 21 15

Deel III

CONVERSATIE 57

Eerste contact 57
  Begroetingen en aansprekingen 57
  Wensen 58
  Akkoord gaan of niet 59
  Vragen stellen 60
  Bedanken 60
  Lichaamstaal 60
  Talen en erin begrepen worden 61

Mensen ontmoeten 62
  Elkaar ontmoeten 62
  Zich voorstellen 64
  Zeggen waar men vandaan komt 65
  Leeftijd 66
  Familie 67
  Werk en studies 69
  Meningen 71

Mensen uitnodigen	72
Afspreken	73
Op de versiertoer	74

Religie en tradities — **75**
- Belangrijke feestdagen in Frankrijk — 76

Het weer — **77**

Tijdsaanduidingen — **78**
- Het uur — 78
- De datum, dagen en maanden — 80
- De seizoenen — 81
- Wanneer? — 82

Dringend hulp nodig — **83**
- Hulpdiensten — 83

Infoborden en afkortingen — **84**
- Infoborden — 84
- Afkortingen — 85

Reizen — **86**
- Paspoortcontrole en douane — 86
- Geld — 87
- Met het vliegtuig — 88
- Met de bus en de trein — 90
- Met de boot — 92
- Met de taxi — 92
- Met de fiets — 93
- Met de auto — 94

In de stad — **98**
- De weg vinden — 98

Met het openbaar vervoer	100
Naar het museum	100
Bezienswaardigheden	101
In het postkantoor	102
Telefoneren	103
Internet	105
Diefstal of verlies aangeven	106
Naar de bioscoop, het theater, een concert,...	107
Bij de kapper	107
Outdooractiviteiten	**108**
Sporten	109
Naar het zwembad of het strand	109
Kamperen	110
Bomen en planten	112
Dieren	113
Insecten en allergieën	114
Overnachten	**115**
Een kamer reserveren	115
Aan de receptie	116
Ontbijten	117
Problemen	119
Afrekenen	120
Eten en drinken	**120**
In een restaurant	121
Specialiteiten en traditionele gerechten	123
Etenswaar	124
Kaas	129
Alcoholische dranken	130

Andere dranken 132

Winkelen **132**
Winkels en diensten 132
Boeken, kranten, tijdschriften en muziek 134
Wasserij en stomerij 135
Kleren en schoenen 136
Roken 139
Fotograferen 140
Toiletartikelen 140
Souvenirs 141

Professionele situaties **142**
Een afspraak regelen 142
Functietitels 142
Bedrijfsstructuur 143
Bedrijfstermen 144
Beurzen, salons en expo's 145

Gezondheid **146**
Dringend hulp nodig 146
Symptomen 147
Pijn en lichaamsdelen 148
Bij de vrouwenarts 149
Diagnose en behandeling 150
Bij de tandarts 151
Bij de opticien 152
In de apotheek 153

Deel IV   THEMATISCHE INDEX

Inleiding

↗ Hoe gebruikt men deze gids?

Het gedeelte "Kennismaking"

U kunt dagelijks een halfuurtje vrijmaken? Drie weken na elkaar? Begin dan met het gedeelte "Kennismaking", 21 mini-lessen die u zonder nodeloos ingewikkeld te zijn de basis van de Franse omgangstaal bijbrengen, datgene wat u nodig hebt om te praten en te begrijpen:
- lees de tekst van de les van de dag, zeg dan zelf de zinnen met behulp van het klankschrift en raadpleeg de vertaling (wanneer de structuur afwijkt van het Nederlands geven we ze ook "woord voor woord" weer);
- lees daarna de grammaticale aanwijzingen: ze leggen u kort en bondig een paar structuren uit zodat u al snel zelf aan de slag kunt;
- maak de oefening, kijk na of u alles juist hebt… en u bent klaar voor de les van de volgende dag!

Het gedeelte "Conversatie"

Voor alle courante situaties waarin u kunt terechtkomen tijdens uw reis, stelt het gedeelte "Conversatie" in deze gids u een volledige set hulpmiddelen ter beschikking: talrijke woorden en zinsstructuren, thematisch gerangschikt zodat u ze meteen in de juiste context gebruikt, telkens met de Nederlandse vertaling en in klankschrift om de uitspraak te vergemakkelijken. Zelfs zonder voorafgaande kennis van het Frans wordt u met deze gebruiksklare "overlevingskit" een autonome reiziger!

↗ Frankrijk: feiten & cijfers

Oppervlakte (continentaal Frankrijk en Corsica)	551.500 km²
Bevolking	65.630.692 (raming 2012)
Hoofdstad	Parijs
Overzeese gebieden	Guadeloupe, Martinique, Frans-Guyana, Réunion, Mayotte, Frans-Polynesië, Saint-Pierre en Miquelon, Wallis en Futuna, Saint-Martin, Saint-Barthélemy, Nieuw-Caledonië
Landsgrenzen	Andorra, België, Duitsland, Italië, Luxemburg, Monaco, Spanje, Zwitserland
Zeegrenzen	Kanaal, Atlantische Oceaan, Middellandse Zee
Talen	Frans; regionale talen en dialecten zoals het Provençaals, Bretons, Elzasisch, Corsicaans, Occitaans, Catalaans, Baskisch
Staatsvorm	Republiek geregeerd door een president en een tweekamerparlement genaamd de Assemblée Nationale; Frankrijk is onderverdeeld in 27 regio's en 101 departementen
Nationale feestdag	14 juli (Fête Nationale – herdenkt de verjaardag van de bestorming van de Bastille en de val van de monarchie)

Frankrijk is in oppervlakte het grootste land van de Europese Unie en vertoont diverse landschapsvormen, van bergketens in de Pyreneeën (in het zuidwesten) en in de Alpen (in het oosten), met de 4.810 m hoge Mont Blanc als hoogste top in West-Europa, tot laaggelegen rivierbeddingen als die van de Rhône, die in de Middellandse Zee uitmondt. Door zijn "zeshoekige" vorm wordt er vaak naar Frankrijk verwezen met l'Hexagone.

Als vijfdegrootste economie in de wereld heeft het land een geavanceerde industriële economie en is het ook een belangrijke landbouwproducent. Het maakt deel uit van het politieke hart van Europa en is een leidinggevend lid van internationale organisaties als de NAVO en de VN.

Frankrijk is een seculier land, hoewel de overheersende godsdienst historisch het katholicisme is. Het heeft de grootste joodse gemeenschap in Europa alsook de grootste moslimgemeenschap, met 5–10% van de bevolking.

Het huidige Frankrijk is multicultureel, met immigranten die vooral uit andere Europese landen, Noord-Afrika, Azië en landen beneden de Sahara komen. Naast Parijs zijn de belangrijkste steden Marseille en Lyon, allebei met meer dan 1,5 miljoen inwoners, gevolgd door Lille (Rijsel), Toulouse, Bordeaux en Nice.

Frankrijk is een heel populaire bestemming voor toeristen, zowat het drukst bezochte land ter wereld!

↗ Frankrijk: historische gegevens

Hoewel archeologische vondsten aantonen dat de eerste moderne mens 40.000 jaar geleden in Frankrijk aankwam (en vroegere voorouders al veel eerder aanwezig waren), begint de geschiedenis van wat we nu als Frankrijk beschouwen met de streek die de Romeinen Gallië noemden, verwijzend naar de Keltische Galliërs die er de hoofdgroep vormden. In het eerste millennium v.C. richtten Grieken en Romeinen er kolonies op en tegen 51 v.C. viel Gallië onder Romeins bewind.
In de latere periodes van het Romeinse Rijk verhoogden Germaanse Franken hun dominantie tot in 486 de Frankische koning Clovis I Gallië onder zijn regering verenigde. De Franken

regeerden honderden jaren en bereikten hun toppunt onder Karel de Grote. Het westerse deel van diens rijk, West-Francië, werd in 987 het Koninkrijk Frankrijk. De volgende eeuwen heersten er godsdienstige en politieke conflicten, maar Frankrijks macht nam toe en in de 16e eeuw begon het een koloniaal rijk uit te bouwen.

In 1789 maakte de Franse Revolutie een einde aan de monarchie, een gebeurtenis die de hele wereld trof. In de volgende eeuw kende het land verschillende regeringsvormen – van republiek naar keizerrijk (onder Napoleon Bonaparte), dan naar monarchie en terug naar republiek, en zo verder, tot er in 1870 een stabielere republiek kwam.

In de 20^e eeuw was Frankrijk betrokken bij beide Wereldoorlogen. Het leed zware verliezen in Wereldoorlog I, met 1,4 miljoen Franse doden. In Wereldoorlog II werd het ingenomen door nazi-Duitsland, dat het land bezette tussen 1940–44. Na zijn bevrijding op het einde van Wereldoorlog II voerde Frankrijk zijn huidige regeringsvorm in en evolueerde het tot de huidige moderne macht.

Doorheen zijn geschiedenis beïnvloedde Frankrijk vele domeinen, zoals de literatuur, filosofie, wetenschap, kunst, film, mode en uiteraard de wijn- en eetcultuur, wellicht zijn bekendste exportproducten.

↗ De Franse taal

Er zijn naar schatting zo'n 260 miljoen Franssprekenden in de wereld. Frans is de tweede meest gestudeerde vreemde taal na het Engels. Het wordt gesproken in niet minder dan 48 landen, niet alleen in Frankrijk zelf en zijn overzeese gebieden, maar ook in delen van België en Zwitserland, Luxemburg, Monaco, Andorra en in Quebec in Canada. Het wordt eveneens gesproken in vele Afrikaanse landen en in Zuidoost-Azië. Vanuit zijn voormalige status als taal van de diplomatie blijft het een belangrijke rol spelen in internationale organisaties als de VN en EU.

Alfabet

Het goede nieuws is dat het Franse alfabet hetzelfde is als het Nederlandse, al worden sommige letters anders "gespeld".
a *[aa]*, **b** *[bee]*, **c** *[see]*, **d** *[dee]*, **e** *[e]*, **f** *[èf]*, **g** *[zjee]*, **h** *[asj]*, **i** *[ie]*, **j** *[zjie]*, **k** *[kaa]*, **l** *[èl]*, **m** *[èm]*, **n** *[èn]*, **o** *[oo]*, **p** *[pee]*, **q** *[kuu]*, **r** *[èr]*, **s** *[ès]*, **t** *[tee]*, **u** *[uu]*, **v** *[vee]*, **w** *[doeble vee]*, **x** *[ieks]*, **y** *[ieGrèk]*, **z** *[zèd]*

Uitspraak

Het Frans bevat echter een paar klanken die in het Nederlands niet voorkomen en letter(combinatie)s die anders uitgesproken kunnen worden dan in onze taal. De beste manier om vlot Frans te leren spreken, is de tekst hardop te lezen, gebruikmakend van het klankschrift dat we meegeven, met een echt Frans accent!

Hier volgen een paar bijzonderheden in de Franse taal waarop u als Nederlandstalige dient te letten:

• **Onuitgesproken letters:**
Vergelijkbaar met de eind-n die in Nederlandse woorden vaak onuitgesproken blijft, laat men in het Frans dikwijls de eind-**e** vallen, bijv.: **une petite chambre** *[uun petiet sjåmbr]* - *een kamertje*. Sommige eindmedeklinkers worden helemaal niet uitgesproken, bijv.: **salut** *[saluu]* - *hallo, hoi*, **les tables** *[lè taabl]* - *de tafels*, **coup** *[koe]* - *slag*.

Tussen enkele en dubbele medeklinkers is nauwelijks een verschil hoorbaar, bijv.: **femme** *[fam]* - *vrouw*.
Een 'h' wordt in het Frans nooit uitgesproken, bijv.: **homme** *[om]* - *man*.

• **Liaison:** Let erop dat de gewoonlijk onuitgesproken eindmedeklinker wel uitgesproken wordt als het eropvolgende woord met een klinker of een stomme h begint en er dan a.h.w. mee verbonden wordt, bijv.: **un ami** *[ūn‿amie]*, **les enfants** *[lèz‿āfā]*.

• **Neusklanken** komen in het Frans voor in lettergrepen die op n of m uitgaan. Die n of m wordt niet uitgesproken, maar maakt de voorafgaande klinker nasaal. In het klankschrift geven we deze nasalen weer met *ā* (zoals in 'ge<u>n</u>re'), *ē* (zoals in 'manneq<u>uin</u>'), *ō* (zoals in 'b<u>on</u> t<u>on</u>'), *ū* (zoals in 'parf<u>um</u>').

• **De Franse r** is een keel-r!

• **De Franse g** klinkt voor **e** en **i** als *[zj]* in '**g**enre', anders als *[G]* in '**g**rapefruit'.

Lees aandachtig de uitleg over de uitspraak en de conventies bij ons klankschrift op de flap van dit boekje!
En denk eraan: oefening baart kunst!

Klemtoon

Hierover kunnen we kort zijn: in het Frans wordt in een woord altijd de laatste lettergreep beklemtoond!

Klaar? Aan de slag!

Kennismaking met het Frans

↗ **Dag 1**

Je m'appelle…
Ik heet…

1 Bonjour ! Comment vous appelez-vous ?
  bõzjoer komā voez aplee voe
  goede-dag! hoe u noemt-zich ?
  Goeiendag/Goeiemorgen/Goeiemiddag! Hoe heet u?

2 Je m'appelle Alexandre. Enchanté !
  zje mapèl alèksādre āsjātee
  ik me'noem alexandre. verheugd !
  Ik heet Alexandre. Aangenaam!

3 D'où venez-vous ?
  doe venee voe
  van'waar komt-u ?
  Waar komt u vandaan?

4 Je viens d'Australie. J'habite à Brisbane.
  zje vjē doostralie zjabiet a briesban
  ik kom uit'Australië. ik'woon in Brisbane.
  Ik kom uit Australië. Ik woon in Brisbane.

Grammaticale opmerkingen

In het Frans is de beleefdheidsvorm **vous**. Let erop dat die wordt vervoegd in de 2e persoon meervoud! Dit **vous** wordt dan ook gebruikt voor ons *jullie*. Ons *jij, je* is in het Frans **tu**, 2e persoon enkelvoud. Het informele **tu** is gebruikelijk tegenover familie, vrienden of kinderen; anderen (zowel één persoon als meer personen) worden met het formele **vous** aangesproken.

Heten wordt in het Frans uitgedrukt met een wederkerend werkwoord, **s'appeler** ("zich noemen"). Een paar vormen:

Comment t'appelles-tu ?	Hoe heet je? ("noem jij je")
Tu t'appelles...	Je heet ... ("jij noemt je")
Il/Elle s'appelle...	Hij/Zij heet ... ("hij/zij noemt zich")
Vous vous appelez...	U heet ... / Jullie heten ... ("u noemt zich / jullie noemen je")

Voorzetsels hebben vaak meer dan één vertaling, zoals bijv. **de**: **D'où** (= **de** - *van* + **où** - *waar*) **viens-tu ?** - *Waar kom je vandaan?*, **Je viens de Belgique.** - *Ik kom uit België.*
Merk op dat de **-e** van een voorzetsel of persoonlijk voornaamwoord vervangen wordt door een **'** voor een woord dat met een klinker begint, bijv.: **je viens de Belgique** → **je viens d'Australie**; **je suis** - *ik ben* → **j'ai** - *ik heb*.

Oefening – Vertaal de volgende zinnen
1. Hoe heet je?
2. Waar komt u vandaan?
3. Je m'appelle Sophie.
4. J'habite à New York.

Oplossing
1. Comment t'appelles-tu ?
2. D'où venez-vous ?
3. Ik heet Sophie.
4. Ik woon in New York.

↗ **Dag 2**

Voici Hélène !
Dit is Hélène!

1 Marc, je te présente Hélène, une amie.
mark zje te preezãt eelèn uun amie
marc, ik jou stel-voor Hélène, een vriendin.
Marc, dit is Hélène, een vriendin / ik stel je Hélène, een vriendin, voor.

2 Enchanté ! Vous êtes ici en vacances ?
ãsjãtee voez èèt iesie ã vakãs
verheugd ! u bent hier in vakanties ?
Aangenaam! Bent u hier op vakantie?

3 Oui, je suis ici avec mon mari et mon fils.
wie zje swiez iesie avèk mõ marie ee mõ fies
Ja, ik ben hier met mijn man en mijn zoon.

4 Quel âge a votre fils ?
kèl aazj a votre fies
welke leeftijd heeft uw/jullie zoon ?
Hoe oud is uw/jullie zoon?

5 Il a douze ans.
iel a doez ã
hij heeft twaalf jaren.
Hij is 12.

Grammaticale opmerkingen

Om iemand voor te stellen, kunt u zeggen **Voici Hélène.** ("Ziehier Hélène.") of **Je vous présente Hélène.** ("Ik stel u Hélène voor") - *Dit is Hélène*.

Merk op dat **vacances** in het Frans in het meervoud gebruikt wordt.

KENNISMAKING MET HET FRANS

In het Frans 'heeft' men 30 jaren i.p.v. 30 jaar te 'zijn': **J'ai trente ans.** - *Ik ben 30 (jaar)*. Naar iemands leeftijd vragen doet u als volgt: **Quel âge as-tu ?** (*inf.*) of **Quel âge avez-vous ?** (*form.*).

Ziehier de vervoeging van **avoir** - *hebben* en **être** - *zijn*, allebei onregelmatige werkwoorden:

avoir - hebben		être - zijn	
j'ai	*ik heb*	**je suis**	*ik ben*
tu as	*jij hebt*	**tu es**	*jij bent*
il/elle a	*hij/zij/het heeft*	**il/elle est**	*hij/zij/het is*
nous avons	*wij hebben*	**nous sommes**	*wij zijn*
vous avez	*jullie hebben, u hebt*	**vous êtes**	*jullie zijn, u bent*
ils/elles ont	*zij hebben*	**ils/elles sont**	*zij zijn*

Tu = *jij, je*, **elle/elles** = *zij, ze* ev./mv., **nous** = *wij, we*.
Ils geldt bij mannelijke personen/zaken of bij een gemengde groep, **elles** bij uitsluitend vrouwelijke personen/zaken.

Een Frans zelfstandig naamwoord is <u>mannelijk</u> of <u>vrouwelijk</u> (dus nooit onzijdig), bijv.: **un ami** - *een vriend*, **une amie** - *een vriendin*. Onthoud bij elk nieuw woord dat u bijleert meteen het geslacht!

Oefening – Vertaal de volgende zinnen
1. Dit is Sophie. / Ik stel je/u Sophie voor.
2. Ik ben dertig jaar.
3. Quel âge as-tu ?
4. Il est en vacances.

Oplossing
1. **Voici Sophie. / Je te/vous présente Sophie.**
2. **J'ai trente ans.**
3. Hoe oud ben je?
4. Hij is op vakantie.

↗ **Dag 3**

Les passants
De voorbijgangers

1 La femme est très grande !
la fam è trè Grãd
De vrouw is heel groot!

2 Oui, et l'homme est petit !
wie ee lom è petie
Ja, en de man is klein!

3 Regarde, le chapeau bleu est vraiment joli !
reGard le sjapoo bleu è vrèmã zjolie
kijk, de hoed blauwe is echt mooi/leuk/knap !
Kijk, de blauwe hoed is echt mooi!

4 Et les enfants sont si mignons !
ee lèz‿ãfã sõ sie mienjõ
en de kinderen zijn zo schattige !
En de kinderen zijn zo schattig!

Grammaticale opmerkingen

Onthoud dat de meeste eindmedeklinkers in het Frans niet uitgesproken worden! Zo klinkt **est** als *[è]* en **enfants** als *[ãfã]*. Met een doffe **e** erachter wordt een eindmedeklinker echter wel uitgesproken: **grande** *[Grãd]*. Volgens deze regel zou **les** dus als *[lè]* uitgesproken worden, maar als op een normaalgezien stomme eindmedeklinker een woord volgt dat begint met een klinker of een stomme h, wordt die medeklinker wel uitgesproken en a.h.w. verbonden met het volgende woord (**les enfants** = *[lèz‿ãfã]*; merk op hoe **-s** dan stemhebbend wordt). Dit noemt men *liaison*.

Le, **la**, **l'** en **les** zijn de mogelijke vormen van het bepaald lidwoord. Waarom zo veel? Omdat de vorm afhangt van het geslacht en getal van het zelfstandig naamwoord: **le** bij mannelijk enkelvoud (**le chapeau**), **la** bij vrouwelijk enkelvoud (**la femme**), **l'** bij enkelvoud beginnend met een klinker of een stomme h (**l'homme**) en **les** bij meervoud (**les enfants**).

Het geslacht en getal van het zelfstandig naamwoord beïnvloedt ook de vorm van het bijvoeglijk naamwoord dat erbij gebruikt wordt. Meestal verkrijgt men de vrouwelijke vorm door aan de mannelijke een **-e** toe te voegen (**l'homme est petit** → **la femme est petite**) en de meervoudsvorm door toevoeging van een **-s** (**l'enfant est mignon** → **les enfants sont mignons**).

Oefening – Vertaal de volgende zinnen
1. De kinderen zijn schattig.
2. De hoed is klein.
3. **L'homme est grand.**
4. **La femme est jolie.**

Oplossing
1. **Les enfants sont mignons.**
2. **Le chapeau est petit.**
3. De man is groot.
4. De vrouw is mooi/knap.

↗ **Dag 4**

Au café
In het café

1   Un coca et une limonade, s'il vous plaît !
ū koka ee uun liemonaad siel voe plè
een cola en een limonade, als'het u belieft !
Een cola en een limonade, alstublieft!

2   Avec des pailles ?
avèk dè paj
met (onbep. mv.) rietjes ?
Met rietjes?

3   Oui, merci. Oh, et un café !
wie mèrsie oo ee ū kafee
ja, bedankt. o, en een koffie !
Ja, graag. O, en een koffie!

4   D'accord. Et voici une chaise pour votre ami !
dakor ee vwasie uun sjèèz poer votr amie
van'akkoord. en ziehier een stoel voor uw/jullie vriend !
Komt in orde. En hier is een stoel voor uw/jullie vriend!

Grammaticale opmerkingen

Waar wij alleen *een* als onbepaald lidwoord kennen, gebruikt het Frans drie vormen: **un** bij mannelijk enkelvoud (**un chapeau, un homme**), **une** bij vrouwelijk enkelvoud (**une femme**) en **des** in het meervoud (**des enfants**). Dit **des** verwijst dus eigenlijk naar een 'onbepaalde hoeveelheid'.

Meestal wordt het meervoud van naamwoorden gevormd door toevoeging van een (onuitgesproken) **-s** (**une chaise** - *een stoel* → **des chaises** - *stoelen*); naamwoorden op **-s**, **-x** of **-z** veranderen niet in het meervoud (**un prix** - *een prijs* → **des prix** - *prijzen*).

Noteer dat **Oui, merci** ! kan vertaald worden met *Ja, bedankt, dank u/je, alstublieft/alsjeblieft, graag!* en **D'accord** ! met *Akkoord, Afgesproken, Oké, (Komt) in orde.*

In een café of een bar roept u de ober/serveerster met **S'il vous plaît !** - *Alstubieft!* terwijl u hem/haar discreet wenkt. Het is gebruikelijk om daar de beleefde aanspreekvormen **monsieur** - *meneer*, **madame** - *mevrouw* of **mademoiselle** - *juffrouw* aan toe te voegen.

Oefening – Vertaal de volgende zinnen
1. Afgesproken!
2. Dank u, mevrouw.
3. **S'il vous plaît.**
4. **Voici votre café.**

Oplossing
1. D'accord.
2. Merci, madame.
3. Alstublieft.
4. Hier is uw/jullie koffie.

↗ Dag 5

La famille et les animaux domestiques
Het gezin en de huisdieren

1 **As-tu des frères et sœurs ?**
   a tuu dè frèèr ee sër
   heb-je (onbep. mv.) broers en zussen ?
   Heb je broers en zussen?

2 **Non, je suis fille unique.**
   nõ zje swie fiej uuniek
   nee, ik ben dochter/meisje enige.
   Nee, ik ben enig kind.

3 **Et ton mari et toi, vous avez des animaux domestiques ?**
   ee tõ marie ee twa voez avee dèz aniemoo domèstiek
   en jouw man en jij(*beklemtoond*), jullie hebben (onbep. mv.) dieren huis- ?
   En hebben je man en jij huisdieren?

4 **Nous avons un chat et deux chiens. Ils sont gentils !**
   noez avõ ũ sja ee deu sjiẽ iel sõ zjãtie
   We hebben een kat/poes en twee honden. Ze zijn lief!

Grammaticale opmerkingen

Let op bij de uitspraak van de neusklanken in lettergrepen die op n of m uitgaan; die n of m wordt niet uitgesproken, maar maakt de voorafgaande klinker nasaal: **gentils** *[zjãtie]*, **chiens** *[sjiẽ]*, **non** *[nõ]*, **un** *[ũ]*.

Une fille betekent zowel *een dochter* als *een meisje*. **Un fils** is *een zoon* (**garçon** is *jongen*), met als meervoudsvorm **des fils** (naamwoorden op **-s** veranderen niet in het meervoud).

Noteer ook **un animal** → **des animaux**: naamwoorden op **-al** krijgen in het meervoud meestal de uitgang **-aux**.

In het Frans richten bezittelijke voornaamwoorden (*mijn, jouw/je, zijn, haar, onze/ons, jullie/je, hun*) zich in geslacht en getal naar het woord waarop ze betrekking hebben, waardoor ze dus elk drie verschillende vormen kunnen aannemen. Voorbeeld: **ton** - *jouw, je* bij mannelijk enkelvoud en een naamwoord in het enkelvoud beginnend met een klinker of stomme h (**ton mari** - *je man*, **ton enfant** - *je kind*), **ta** bij vrouwelijk ev. (**ta femme** - *je vrouw*) en **tes** bij een naamwoord in het meervoud (**tes amis** - *je vrienden*).

Oefening – Vertaal de volgende zinnen
1. Ik heb een broer.
2. Heet je man Alexandre?
3. **Tes fils sont très gentils.**
4. **Nous avons deux sœurs.**

Oplossing
1. J'ai un frère.
2. **Ton mari s'appelle Alexandre ?**
3. Je zonen zijn heel vriendelijk/lief/aardig.
4. We hebben twee zussen.

↗ **Dag 6**

Au marché
Op de markt

1 Bonjour, je voudrais des œufs, s'il vous plaît.
bõzjoer zje voedrè dèz eu siel voe plè
goede-dag, ik zou-willen van-de(mv.) eieren, als'het u belieft.
Goeiendag/Goeiemorgen/Goeiemiddag, ik zou eieren willen, alstublieft.

2 Bien sûr. Autre chose ?
bjē suur ootre sjooz
wel zeker. ander(s) iets ?
Zeker. Nog iets?

3 De la crème et du fromage aussi.
de la krèèm ee duu fromaazj oosie
van de room en van-de(m.ev.) kaas ook.
Room en kaas ook.

4 Du fromage, je vous en mets combien ?
duu fromaazj zje voez ã mè kõbjē
van-de(m.ev.) kaas, ik u ervan zetten/leggen hoeveel ?
Hoeveel kaas geef/doe ik u?

5 Un gros morceau ! J'adore le fromage !
ũ Gro morsoo zjador le fromaazj
een dik stuk ! ik'aanbid de kaas !
Een groot stuk! Ik ben dol op kaas!

Grammaticale opmerkingen

Een onbepaalde hoeveelheid moet ingeleid worden door een delend lidwoord: **du** (= voorzetsel **de** + lidwoord **le**) bij mannelijk ev. (**du fromage**), **de la** bij vrouwelijk ev. (**de la crème**), **de l'** bij een naamwoord (ev.) beginnend met een klinker (**de l'eau** - *water*) en **des** (**de + les**) bij naamwoorden in het meervoud (**des œufs** – let erop dat de **f** niet uitgesproken wordt in de meervoudsvorm van dit woord!).

Om te zeggen wat u wilt of zou willen, kunt u het (onregelmatige) werkwoord **vouloir** - *willen* gebruiken in de o.t.t. of in de voorwaardelijke wijs. Een andere beleefde manier om naar iets te vragen, is met de voorwaardelijke wijs van **aimer** - *graag willen/hebben/...* (en *houden van*). Een paar vormen van deze nuttige werkwoorden:

je veux	*ik wil*	**je voudrais...**	*ik zou willen...*
tu veux	*jij wil*	**nous aimerions...**	*we zouden willen...*
il/elle veut	*hij/zij/het wil*	**Aimeriez-vous... ?**	*Zou u / Zouden jullie willen... ?*
nous voulons	*wij willen*		
vous voulez	*u wilt / jullie willen*		
ils/elles veulent	*zij willen*		

Oefening – Vertaal de volgende zinnen
1. Ik zou water willen.
2. Hoeveel?
3. Je voudrais/J'aimerais des œufs, s'il vous plaît.
4. Voulez-vous un café ?

Oplossing
1. **Je voudrais de l'eau.**
2. **Combien ?**
3. Ik zou (graag) eieren willen, alstublieft.
4. Wilt u/Willen jullie een koffie?

↗ **Dag 7**

À la gare
In het station

1   Excusez-moi, monsieur. Où est le quai C ?
èkskuuzee mwa mes-jeu oe è le kè see
excuseert-mij, meneer. waar is het perron C ?
Excuseert u me, meneer. Waar is perron C?

2   Il est là-bas, après le quai B. Vous voyez ?
iel è la ba aprè le kè bee voe vwajee
het(m.) is daar-ginds/laag, na het perron B. u ziet ?
Het is daarginds, na perron B. Ziet u (het)?

3   Merci ! Et à quelle heure part le train pour Besançon ?
mèrsie ee a kèl ër paar le trẽ poer bezãsõ
bedankt ! en om welk uur vertrekt de trein voor Besançon ?
Dank u! En hoe laat vertrekt de trein naar Besançon?

4   Il part à 15 (quinze) heures. Bon voyage !
iel paar a kẽz ër bõ vwajaazj
hij vertrekt om 15 (vijftien) uren. goede reis !
Hij vertrekt om 15 uur. Goede reis!

Grammaticale opmerkingen

Om een vraag te stellen in het Frans kunt u: 1) het einde van een bevestigende zin met stijgende intonatie uitspreken/voorzien van een vraagteken: **Tu vas à Paris ?** - *Je gaat naar Parijs?* 2) **Est-ce que** voor de zin zetten: **Est-ce que tu vas à Paris ?** 3) onderwerp en werkwoord van plaats wisselen en er een koppelteken tussen zetten: **Vas-tu à Paris ?**
Een vraag kan ook ingeleid worden met een vraagwoord:

Qu'est-ce que ... ?	Wat ... ?	Quel (m. ev.)/ Quelle (v. ev.)/ Quels (m. mv.)/ Quelles (v. mv.) ...?	Welk(e) ...?
Quand ... ?	Wanneer ...?	À quelle heure ... ?	Hoe laat ...?
Où ... ?	Waar ...?	Comment ... ?	Hoe ...?
Qui ... ?	Wie ...?	Combien (de) ... ?	Hoeveel ...?
Pourquoi ... ?	Waarom ...?		

Besançon: de **ç** (c met *cedille* - **cédille**) wordt uitgesproken als *s*.

Oefening – Vertaal de volgende zinnen

1. Wanneer vertrekt hij?
2. Waar is perron B?
3. À quelle heure part le train ?
4. Le train part à quatorze heures.

Oplossing

1. **Quand part-il ?**
2. **Où est le quai B ?**
3. Hoe laat vertrekt de trein?
4. De trein vertrekt om 14 uur.

↗ **Dag 8**

Au téléphone
Aan de telefoon

1 Allô ? Bonjour, Martine ! Ça va ?
aloo bõzjoer martien sa va
hallo? goede-dag, martine! het gaat ?
Hallo? Dag, Martine! Alles goed?

2 Oui, très bien, merci. Qu'est-ce que tu fais ?
wie trè bjẽ mèrsie kèske tuu fè
ja, heel goed, bedankt. wat'is-het dat je doet ?
Ja, heel goed, dank je. Wat doe je?

3 Je cuisine : je finis un gâteau au chocolat !
zje kwiezien zje fienie ũ Gatoo oo sjokola
ik kook : ik beëindig een taart met-de chocolade !
Ik ben aan het koken: ik werk (net) een chocoladetaart af!

4 Super ! J'adore le chocolat ! J'arrive !
suupèèr zjador le sjokola zjariev
super ! ik-aanbid de chocolade ! ik'kom-aan !
Super! Ik ben gek op chocolade! Ik kom eraan!

5 D'accord ! À tout de suite !
dakor a toet swiet
van'akkoord! tot alles van vervolg !
Oké! Tot zo!

Grammaticale opmerkingen

In het Frans zegt wie de telefoon opneemt **Allô ?** Belde u het verkeerde nummer, verontschuldig u dan met **Pardon !** *[pardõ]* en zeg **Je me suis trompé(e) de numéro.** *[zje me swie trõpee de nuumeeroo]* - Ik heb me van / in het nummer vergist.

Meestal vraagt men iemand hoe het gaat met **Ça va ?**

Er zijn in het Frans drie soorten regelmatige werkwoorden: de eerste groep eindigt op **-er** (**cuisiner** - *koken* in de betekenis van 'eten klaarmaken'), de tweede op **-ir** (**finir** - *(be)eindigen, afwerken, bijna klaar zijn met*) en de derde op **-re** (**prendre** - *nemen*). De o.t.t. (onvoltooid tegenwoordige tijd - **présent**) van regelmatige werkwoorden op **-er** wordt gevormd door aan de stam een uitgang toe te voegen:

je cuisin	e	nous cuisin	ons
tu cuisin	es	vous cuisin	ez
il/elle cuisin	e	ils/elles cuisin	ent

Vervoeging in de o.t.t. van het handige, maar onregelmatige werkwoord op **-re faire** - *doen, maken*:

je fais - *ik doe/maak*	**nous faisons** - *wij doen/maken*
tu fais - *jij doet/maakt*	**vous faites** - *u doet/maakt, jullie doen/maken*
il/elle fait - *hij/zij/het doet/maakt*	**ils/elles font** - *zij doen/maken*

Oefening – Vertaal de volgende zinnen

1. Ik bak (maak) een taart.
2. We (zijn aan het) koken.
3. **Il adore le fromage !**
4. **Elles arrivent !**

Oplossing

1. **Je fais un gâteau.**
2. **Nous cuisinons.**
3. Hij is dol op kaas!
4. Ze (*v.*) komen (er)aan!

↗ **Dag 9**

Ma maison
Mijn huis

1 Ta maison est comment, Guy ?
ta mèzõ è komã Gie
jouw huis is hoe, Guy ?
Hoe is je huis, Guy?

2 Ma maison est assez petite !
ma mèzõ èt asee petiet
mijn huis is genoeg/vrij/nogal klein !
Mijn huis is vrij klein!

3 Mais il y a un beau jardin et une jolie piscine.
mèz iel ie a ũ boo zjardẽ ee uun zjolie piesien
maar het(m.) er heeft een mooie tuin en een mooi zwembad.
Maar er is een mooie tuin en een leuk zwembad.

4 Il y a trois chambres: mes enfants ont la plus grande !
iel ie a trwa sjãbre mèz ãfã õ la pluu Grãd
het(m.) er heeft drie kamers: mijn kinderen hebben de meest grote !
Er zijn drie kamers: mijn kinderen hebben de grootste!

Grammaticale opmerkingen

Il y a komt overeen met *er is/zijn*, **il y avait** met *er was/waren*.

Met **le/la/les plus** ("de/het meest") wordt de superlatief gevormd, bijv.: **le plus petit** - *de/het kleinste*.

Bijvoeglijke naamwoorden komen in geslacht en getal overeen met het woord waarop ze betrekking hebben. Ze volgen er in de meeste gevallen op: **une maison chère** - *een duur huis*; een van de

uitzonderingen op deze regel zijn o.a. de adjectieven van 'mooiheid', zoals in zin 3, waarop wat ze beschrijven volgt.
Ziehier de vormen (m. ev., m. mv., v. ev., v. mv.) van een paar courante adjectieven:
petit, petits, petite, petites - *klein(e)*
grand, grands, grande, grandes - *groot, grote*
beau, beaux, belle, belles - *mooi(e)*
joli, jolis, jolie, jolies - *mooi(e), leuk(e), knap(pe)*
moche, moches, moche, moches - *lelijk(e)*
heureux, heureux, heureuse, heureuses - *gelukkig(e)*
triste, tristes, triste, tristes - *triestig(e), droevig(e)*
bon, bons, bonne, bonnes - *goed(e)*
mauvais, mauvais, mauvaise, mauvaises - *slecht(e)*
cher, chers, chère, chères - *duur, dure; beste, liefste* (in aanspreking)

Oefening – Vertaal de volgende zinnen
1. Het zwembad is mooi.
2. Er zijn twee dure huizen.
3. Quelle chambre est la plus jolie ?
4. Comment est ton jardin ?

Oplossing
1. La piscine est belle.
2. Il y a deux maisons chères.
3. Welke kamer is de leukste?
4. Hoe is je tuin?

↗ Dag 10

Où se trouve la boulangerie ?
Waar is de bakkerij?

1 Excusez-moi ! Où se trouve la boulangerie la plus proche ?
èkskuuzee mwa oe se troev la boelãzjrie la pluu prosj
excuseert-mij! waar zich bevindt de bakkerij de meest dichtbij ?
Excuseert u me, waar is de dichtstbijzijnde bakkerij?

2 Alors, allez tout droit et puis tournez à droite.
alor alee toe drwa ee pwie toernee a drwat
dan gaat (ge)heel recht en daarna draait naar rechts.
Nou, gaat u rechtdoor en sla daarna rechtsaf.

3 Ensuite, continuez jusqu'à l'église.
ãswiet kõtienuee zjuuska leeGliez
vervolgens, loopt-door tot'aan de'kerk
Loopt u vervolgens door tot aan de kerk.

4 La boulangerie est derrière l'église, en face de la poste.
la boelãzjrie è dèrjèèr leeGliez ã fas de la post
de bakkerij is achter de'kerk, in voorkant van de post
De bakkerij is achter de kerk, tegenover de post.

Grammaticale opmerkingen

De imperatief (of gebiedende wijs, om instructies of bevelen te geven) heeft dezelfde vorm als de o.t.t.: **(vous) allez** - *(u) gaat/(jullie) gaan* → **Allez !** (zonder het pers. vnw. **vous**!) - *Gaat u/Gaan jullie!*, behalve bij de 2e pers. ev. waar de **-s** wegvalt: **(tu) vas** - *(jij) gaat*, maar **Va !** - *Ga!*

De richting aanwijzen kan ook met **vous devez...** - *u moet...* (bijv. **vous devez tourner**, **vous devez continuer**), van het modaal werkwoord **devoir** - *moeten*, dat altijd gebruikt wordt met een ander werkwoord in de infinitief, bijv.: **je dois aller** - *ik moet gaan*.

Even de voorzetsels van plaats aanvullen: **dans** - *in*, **à côté de** - *naast*, **à gauche** - *links*, **près de** - *dicht bij, in de buurt van*, **devant** - *voor*.

Bent u verdwaald, dan zegt u gewoon **Je suis perdu(e) !**

Aller - *gaan* is een heel handig werkwoord op **-er**, maar het is onregelmatig:

je vais - *ik ga*	**nous allons** - *wij gaan*
tu vas - *jij gaat*	**vous allez** - *u gaat, jullie gaan*
il/elle va - *hij/zij/het gaat*	**ils/elles vont** - *zij gaan*

Oefening – Vertaal de volgende zinnen
1. Excuseert u me, waar is (bevindt zich) de post?
2. De tuin ligt (is) achter het huis.
3. Où se trouve le marché le plus proche ?
4. Vous devez aller tout droit.

Oplossing
1. Excusez-moi, où se trouve la poste ?
2. Le jardin est derrière la maison.
3. Waar is de dichtstbijzijnde markt?
4. U moet/Jullie moeten rechtdoor gaan.

↗ **Dag 11**

Quel est votre métier ?
Wat is uw beroep?

1 Quel métier faites-vous, Anne ?
kèl meetjee fèt voe an
welk beroep doet-u, Anne ?
Welk beroep oefent u uit, Anne?

2 Je suis architecte. Je travaille beaucoup !
zje swiez arsjietèkt zje travaj bookoe
Ik ben architecte. Ik werk veel!
Ik ben architecte. Ik werk veel!

3 Vous aimez votre travail ?
voez eemee votre travaj
u houdt-van uw werk ?
Houdt u van uw werk?

4 Comme-ci, comme-ça. Je finis la journée très tard.
kom sie kom sa zje fienie la zjoernee trè taar
zoals-dit zoals-dat. ik beëindig de dag heel laat.
Zo zo. Ik heb lange dagen.

Grammaticale opmerkingen

Onthoud dat de Franse **r** gutturaal is, dus in de keel gevormd wordt! Oefen met **architecte - travail - très tard**.

Voor de o.t.t. van regelmatige werkwoorden op **-ir** vervangt u deze **-ir** door een uitgang, zoals hier bij **finir** - *(be)eindigen*:

je fin	is	nous fin	issons
tu fin	is	vous fin	issez
il/elle fin	it	ils/elles fin	issent

We vatten de bezittelijke voornaamwoorden samen (in het Frans richten ze zich ook in geslacht en getal naar het 'bezit').

	'bezit'		
	Mann. ev.	Vrouw. ev.	Meervoud
mijn	mon	ma	mes
jouw, je	ton	ta	tes
zijn/haar	son	sa	ses
onze, ons	notre	notre	nos
uw/jullie	votre	votre	vos
hun	leur	leur	leurs

Oefening – Vertaal de volgende zinnen
1. Werk je laat?
2. Ze hebben hun taart bijna op (beëindigen hun taart).
3. Quel travail faites-vous ?
4. Je suis électricien/électricienne.

Oplossing
1. Tu travailles tard ?
2. Ils/Elles finissent leur gâteau.
3. Welk werk doet u/doen jullie?
4. Ik ben elektricien (*m./v.*).

↗ **Dag 12**

Au restaurant
In het restaurant

1 Bonsoir, madame. Vous avez choisi ?
 bōswaar madam voez avee sjwazie
 goede-avond mevrouw. u hebt gekozen ?
 Goeienavond, mevrouw. Hebt u gekozen?

2 J'aimerais la salade de tomates et puis le poulet.
 zjèmerè la salaad de tomat ee pwie le poelè
 ik'zou-graag-hebben de salade van tomaten en daarna de kip.
 Ik had graag een tomatensalade en daarna kip.

3 Vous désirez des haricots verts en accompagnement ?
 voe deezieree dè ariekoo vèèr ān akōpanjemā
 u wenst van-de bonen groene in begeleiding?
 Wenst u groene boontjes/sperziebonen als bijgerecht?

4 Non, je n'aime pas les haricots. Je préférerais des frites.
 nō zje nèèm pa lè ariekoo zje preefèrerè dè friet
 nce, ik niet1'houd-van niet2 de bonen. ik zou-verkiezen van-de frieten
 Nee, ik lust geen bonen. Ik zou liever frieten hebben.

5 Tout de suite, madame ! Et j'apporte la carte des vins.
 toet swiet madam ee zjaport la kart dè vē
 alles van vervolg, mevrouw! en ik'breng de kaart van-de wijnen
 Onmiddellijk, mevrouw! En ik breng de wijnkaart.

Grammaticale opmerkingen
Om te bestellen, is de voorwaardelijke wijs van **vouloir** - *willen* en **aimer** - *graag.../houden van* gebruikelijk, bijv.: **je voudrais**, **j'aimerais**.

Bij de regelmatige voorwaardelijke wijs (**conditionnel**) worden uitgangen toegevoegd aan de infinitief:

j'aimer	ais	nous aimer	ions
tu aimer	ais	vous aimer	iez
il/elle aimer	ait	ils/elles aimer	aient

Sommige werkwoorden zijn onregelmatig in de voorwaardelijke wijs, o.a. **faire** - *doen, maken*:

je fer	ais	nous fer	ions
tu fer	ais	vous fer	iez
il/elle fer	ait	ils/elles fer	aient

Een werkwoord wordt in het Frans ontkennend gemaakt door er **ne** voor en **pas** achter te zetten: **je ne mange pas** - *ik eet niet*; begint het werkwoord met een klinker, dan verandert **ne** in **n'**: **je n'aime pas les haricots** - *ik hou niet van/lust geen bonen*.

Oefening – Vertaal de volgende zinnen
1. Ik lust geen bonen.
2. Ik zou de wijnkaart willen hebben.
3. **Il préférerait du poulet.**
4. **Voulez-vous des frites ?**

Oplossing
1. **Je n'aime pas les haricots.**
2. **J'aimerais la carte des vins.**
3. Hij zou liever kip hebben.
4. Wilt u/Willen jullie frieten?

↗ Dag 13

Que penses-tu de Pierre ?
Wat vind je van Pierre?

1 Dis, Marie, que penses-tu de Pierre ?
die marie ke pãs tuu de pjèèr
zeg, Marie, wat denkt-je van pierre?
Zeg (eens), Marie, wat vind je van Pierre?

2 Il est très mignon. J'adore ses cheveux blonds !
iel è trè mienjõ zjador sè sjeveu blõ
hij is heel schattig. ik'aanbid zijn haren blonde !
Hij is heel schattig. Ik vind zijn blonde haar zo leuk!

3 Et tu as vu ses yeux bleus ? Ils sont trop beaux !
ee tuu a vuu sèz jeu bleu iel sõ tro boo
en je hebt gezien zijn ogen blauwe? ze zijn te mooi !
En heb je zijn blauwe ogen gezien? Ze zijn prachtig!

4 En plus, il est intéressant et intelligent !
ã pluus iel èt ẽteerèsã ee ẽtèliezjã
in meer, hij is intcressant en intelligent !
Bovendien is hij interessant en intelligent!

5 Oui, je suis d'accord. Il est canon !
wie zje swie dakor iel è kanõ
ja, ik ben van'akkoord. hij is kanon !
Ja, ik ben het ermee eens. Wat 'n stuk!

Grammaticale opmerkingen

Een paar woorden die de zinsbouw bevorderen: **et** *[ee]* - *en*, **ou** *[oe]* - *of*, **mais** *[mè]* - *maar*, **parce que** *[parse ke]* - *omdat*, **en plus** *[ã pluus]* - *bovendien*.

Om uw mening uit te drukken: **je pense que** *[zje pās ke]* - *ik denk dat*; **je suis d'accord** *[zje swie dakor]* - *ik ga akkoord, ik ben het eens*; **je ne suis pas d'accord** *[zje ne swie pa dakor]* - *ik ga niet akkoord, ik ben het niet eens*; **j'aime** *[zjèèm]* - *ik hou van, ik vind leuk, ik lust, ik... graag,...*; **je n'aime pas** *[zje nèèm pa]* - *ik hou niet van, ik vind niet leuk, ik lust niet/geen,...*; **je préfère** *[zje preefèèr]* - *ik verkies, ik heb liever*; **je déteste** *[zje deetèst]* - *ik haat, ik heb een hekel aan*.

Let op: **le cheveu** slaat op één *haar* en **les cheveux** op *de haren* of *het haar* als haardos: **ses cheveux blonds** - *zijn/haar blonde haren, haar(dos)*. Bij een zelfstandig naamwoord in het meervoud horen dus ook het bezittelijk voornaamwoord en bijvoeglijk naamwoord in deze vorm te staan. Onthoud dat adjectieven van 'mooiheid' voor het substantief staan: **ses beaux yeux bleus** - *zijn/haar mooie, blauwe ogen* (voor de volledigheid geven we u het enkelvoud, als ging het om een cycloop: **son bel œil bleu** - *zijn/haar mooi blauw oog* want, vergis u niet, iemand die bijv. tegen een kast is aangelopen, heeft in het Frans **un œil au beurre noir**, "een oog met zwarte boter"!).

Oefening – Vertaal de volgende zinnen
1. Ze gaat akkoord.
2. Ik denk dat hij interessant is!
3. Je n'aime pas mes cheveux.
4. Tu as vu ses yeux verts ?

Oplossing
1. Elle est d'accord.
2. Je pense qu'il est intéressant !
3. Ik vind mijn haar niet mooi.
4. Heb je zijn/haar groene ogen gezien?

↗ **Dag 14**

Chez le médecin
Bij de arts

1 **Bonjour, comment puis-je vous aider ?**
bõzjoer komã pwiezj voez eedee
goede-dag, hoe kan-ik u helpen ?
Goeiendag/Goeiemorgen/Goeiemiddag, hoe kan ik u helpen?

2 **Oh docteur, j'ai très mal au genou !**
oo doktër zjee trè mal oo zjenoe
o dokter, ik'heb heel pijn aan-de knie !
Ach, dokter, mijn knie doet erg pijn!

3 **Je dois regarder. Pouvez-vous le bouger ?**
zje dwa reGardee poevee voe le boezjee
ik moet kijken. kunt-u hem bewegen ?
Ik moet (even) kijken. Kunt u ze bewegen?

4 **Pas vraiment. Je ne peux pas le toucher non plus.**
pa vrèmã zje ne peu pa le toesjee nõ pluu
niet echt. ik niet1 kan niet2 hem raken niet meer.
Niet echt. Ik kan ze ook niet (aan)raken.

5 **Je pense qu'il faut faire une radio.**
zje pãs kiel foo fèèr uun radjo
ik denk dat'het(m.) is-nodig maken een radio(grafie).
Ik denk dat er een foto moet genomen worden.

Grammaticale opmerkingen
Bij inversie van **je peux** in een vraag wordt veelal het vrij formele **puis-je** gebruikt.

Il faut + infinitief = *het is nodig dat, er moet, we* (onpersoonlijk) *moeten* + infinitief.

Uitdrukken dat men ergens pijn heeft, gebeurt met **j'ai mal à** + lidwoord + lichaamsdeel ("ik heb pijn aan de/het ..."). Wetende dat **à** en **le/les** altijd* samengetrokken wordt, zet u **au** voor een lichaamsdeel met een mannelijk lidwoord (**j'ai mal au genou**), **à la** voor een vrouwelijk (**j'ai mal à la jambe** - ... *aan het been*) en **aux** voor een meervoudsvorm (**j'ai mal aux oreilles** - ... *aan de oren*).
(* zo ook **du** = **de** + **le**, **des** = **de** + **les**: **les Pays-Bas** - *Nederland* (de "Landen-Lage") → **je viens des Pays-Bas** - *ik kom uit Nederland*)

Persoonlijke voornaamwoorden als lijdend voorwerp staan voor het werkwoord: **Puis-je vous aider ?** - *Kan/Mag ik u helpen?*; **Je ne peux pas le toucher.** - *Ik kan hem/het niet (aan)raken/bereiken.* Voor een klinker of een stomme h: **me** → **m'**, **te** → **t'** en **le/la** → **l'**.

me/m'	*mij, me*	nous	*ons*
te/t'	*jou, je*	vous	*u, jullie*
le/l'	*hem/het*	les	*hen, ze*
la/l'	*haar/het*		

Oefening – Vertaal de volgende zinnen
1. Mijn benen doen erg pijn/Ik heb erge pijn aan mijn benen.
2. Kijk, ik beweeg ze (ze = de benen)!
3. Pouvez-vous m'aider ?
4. Tu peux le faire.

Oplossing
1. J'ai très mal aux jambes.
2. Regarde, je les bouge !
3. Kunt u/Kunnen jullie me helpen?
4. Je kan/mag het doen.

↗ **Dag 15**

Vous vendez des porte-clés ?
Verkoopt u sleutelhangers?

1 **Bonjour ! Vendez-vous des porte-clés de la Tour Eiffel ?**
bõzjoer vãdee voe dè porte klee de la toer èfèl
goede-dag! verkoopt-u van-de draag-sleutels van de Toren Eiffel ?
Goeiendag/Goeiemorgen/Goeiemiddag! Verkoopt u Eiffeltoren-sleutelhangers?

2 **Oui, j'en vends ! Il y en a des bleus ou des dorés.**
wie zjã vã iel ie ãn a dè bleu oe dè doree
ja ik'ervan verkoop ! het(m.) er ervan heeft van-de blauwe of van-de goudkleurige/vergulde
Ja, ik verkoop er/die! Er zijn blauwe of goudkleurige.

3 **Quel dommage ! Je préférerais des verts !**
kèl domaazj zje preefèrerè dè vèèr
welk(e) schade/nadeel ! ik zou-verkiezen van-de groene !
Wat jammer! Ik zou liever groene hebben!

4 **Je comprends. Mais ceux-là sont jolis, non ?**
zje kõprã mè seu la sõ zjolie nõ
ik begrijp. maar die-daar zijn leuk, nee ?
Ik begrijp het. Maar die daar zijn leuk, niet?

5 **Oui, très !**
wie trè
Ja, erg (leuk)!

Grammaticale opmerkingen
Wanneer u een zaak binnengaat, zegt u **Bonjour !** en bij het buitengaan **Merci !** of **Au revoir !** - *Tot ziens!*

Voor de o.t.t. van regelmatige werkwoorden op **-re** vervangt u deze **-re** door een uitgang, zoals hier bij **vendre** - *verkopen*:

je vend	s	nous vend	ons
tu vend	s	vous vend	ez
il/elle vend	-	ils vend	ent

O.a. **comprendre** - *begrijpen, verstaan, bevatten* en **prendre** - *nemen* zijn onregelmatig:

je comprend	s	nous compren	ons
tu comprend	s	vous compren	ez
il/elle comprend	-	ils/elles compren	nent

Meestal komt **en** overeen met *er(van)*; het verwijst naar iets eerder genoemds en staat voor het werkwoord: **J'en voudrais des verts** (**en** vervangt **porte-clés**).

Oefening – Vertaal de volgende zinnen
1. Verkopen jullie wijn?
2. Ik begrijp het niet.
3. **Nous vendons des gâteaux.** → **Nous en vendons.**
4. Il en voudrait des bleus.

Oplossing
1. **Vous vendez du vin ?**
2. **Je ne comprends pas.**
3. We verkopen taarten/gebakjes/cake. → We verkopen er.
4. Hij zou (er) blauwe (van) willen.

↗ **Dag 16**

J'ai réservé une chambre…
Ik heb een kamer gereserveerd...

1 Bonsoir, j'ai réservé une chambre au nom de Dupuis.
bōswaar zjee reezèrvee uun sjābr oo nō de duupwie
goede-avond, ik'heb gereserveerd een kamer op-de naam van Dupuis.
Goeienavond, ik heb een kamer gereserveerd op naam van Dupuis.

2 C'était une chambre double avec petit déjeuner ?
seetèt uun sjābre doebl avèk petie deezjènee
het/dat'was een kamer dubbel met kleine lunch ?
Was het een tweepersoonskamer met ontbijt?

3 C'est exact. Nous avons aussi demandé un lit enfant.
sèt èGzakt noez avō oosie demādee ū lie āfā
het/dat'is exact. we hebben ook gevraagd een bed kind.
Dat klopt. We hebben ook een kinderbed gevraagd.

4 Absolument. Mon collègue a préparé la chambre.
absoluumā mō kolèèG a preeparee la sjābre
absoluut. mijn collega heeft klaargemaakt de kamer.
Zeker. Mijn collega heeft de kamer klaargemaakt.

Grammaticale opmerkingen

Een accent op een klinker geeft een aanwijzing m.b.t. de uitspraak, bijv.: **é** met <u>accent aigu</u> klinkt als in 'stereo, steen, passé' *[ee]*; **è** met <u>accent grave</u> als in 'pet, crème' *[è(ë)]*; het <u>accent circonflexe</u> verlengt enigszins de klank. Een accent kan ook betekenisonderscheidend zijn, bijv.: **a** - *heeft* en **à** - *naar, van, om,…*

Voor iets dat in het verleden gebeurde en helemaal afgelopen is, wordt de **passé composé** (voltooid tegenwoordige tijd) gebruikt: o.t.t. van het hulpwerkwoord **avoir** - *hebben* (**j'ai**, **tu as**, **il/elle a**, **nous avons**, **vous avez**, **ils/elles ont**) + voltooid deelwoord van het hoofdwerkwoord.

Regelmatige vorming van het voltooid deelwoord: bij werkwoorden op **-er** vervangt u deze uitgang door **-é** (**demander** - *vragen* → **nous avons demandé**), bij die op **-ir** door **-i** (**finir** → **fini**) en bij die op **-re** door **-u** (**vendre** → **vendu**).

Oefening – Vertaal de volgende zinnen
1. We hebben het ontbijt klaargemaakt.
2. Ze (meneer en mevrouw) hebben een kamer gevraagd.
3. **Elle a réservé une chambre.**
4. **Nous avons fini le petit déjeuner.**

Oplossing
1. **Nous avons préparé le petit déjeuner.**
2. **Ils ont demandé une chambre.**
3. Ze heeft een kamer gereserveerd.
4. We zijn klaar met ontbijten.

↗ **Dag 17**

Vos papiers, s'il vous plaît !
Uw papieren, alstublieft!

1 **Bonjour, madame. Vos papiers, s'il vous plaît.**
   bõzjoer madam vo papjee siel voe plè
   goede-dag, mevrouw. uw papieren, als'het u belieft.
   Dag, mevrouw. Uw papieren, alstublieft.

2 **Mais je conduis lentement. Quel est le problème ?**
   mè zje kõdwie lãtmã kèl è le problèèm
   maar ik rijd/bestuur langzaam. welk is het probleem ?
   Maar ik rijd langzaam. Wat is het probleem?

3 **Vous devez changer ce pneu bientôt. Il est usé.**
   voe devee sjãzjee se pneu bjẽtoo iel èt uuzee
   u moet veranderen deze band weldra. hij is versleten.
   U moet eerstdaags deze band veranderen. Hij is versleten.

4 **D'accord. Je m'en occupe rapidement.**
   dakor zje mãn okuup rapiedmã
   van'akkoord. ik me'ermee houd-bezig snel.
   Akkoord. Ik breng dit snel in orde.

5 **Très bien. Conduisez prudemment !**
   trè bjẽ kõdwiezee pruudamã
   heel goed. rijdt voorzichtig !
   Goed zo. Rijdt u voorzichtig!

Grammaticale opmerkingen

Als de politie u in uw auto naar **vos papiers** vraagt, verwacht die meestal uw rij-, inschrijvings-/kenteken- en verzekeringsbewijs.

KENNISMAKING MET HET FRANS

Een manier om in het Frans bijwoorden de vormen, is **-ment** toe te voegen aan de vrouwelijke vorm van een adjectief: **rapide** - *snelle* → **rapidement** - *snel*, **malheureuse** - *ongelukkige* → **malheureusement** - *ongelukkigerwijze, helaas*. Bij de meeste adjectieven op **-ent** en **-ant** is de toevoeging **-emment** resp. **-amment**: **prudent** → **prudemment** (**lent** → **lentement** is een uitzondering). Bepaalde bijwoorden hebben geen **-ment**-uitgang: **bien** - *goed*, **mal** - *slecht*.

Devoir - *moeten* heeft een onregelmatige vervoeging in de o.t.t.:

je dois	nous devons
tu dois	vous devez
il/elle doit	ils/elles doivent

De meeste werkwoorden op **-uire**, zoals **conduire** - *rijden, besturen*, worden in de o.t.t. als volgt vervoegd:

je condui	s	nous condui	sons
tu condui	s	vous condui	sez
il/elle condui	t	ils/elles condui	sent

Oefening – Vertaal de volgende zinnen
1. We moeten eten.
2. Ze (v.) rijden voorzichtig.
3. Je dois demander son nom.
4. Le taxi arrive rapidement.

Oplossing
1. Nous devons manger.
2. Elles conduisent prudemment.
3. Ik moet zijn/haar naam vragen.
4. De taxi komt snel (aan).

↗ **Dag 18**

Allons au théâtre !
Laten we naar het theater gaan!

1 Hier, on est allé au théâtre ; la pièce était géniale !
jèèr õn ̯èt alee oo teeaatre la pjès eetè zjeenjal
gisteren men is gegaan naar-het theater; het stuk was geniaal !
Gisteren zijn we naar het theater gegaan; het stuk was geweldig!

2 Vous êtes arrivés à l'heure cette fois, j'espère ?
voez ̯èetz arievee a lër sèt fwa zjèspèèr
jullie zijn aangekomen op het'uur deze keer, ik'hoop ?
Jullie zijn deze keer op tijd gekomen, hoop ik...

3 Tout à fait ! Nous y sommes allés en taxi, pas à pied !
toet ̯a fè noez ̯ie somz ̯alee ã taksie pa a pjee
alles van gedaan ! we er zijn gegaan in taxi, niet te voet !
Absoluut! We zijn met de taxi gegaan, niet te voet!

4 Et à quelle heure êtes-vous rentrés ?
ee a kèl ër èèt voe rãtree
en om welk uur zijn-jullie teruggekomen ?
En hoe laat zijn jullie teruggekomen?

5 On est rentré à 22 heures.
õn ̯è rãtree a vẽtdeuz ̯ër
men is teruggekomen om 22 uren
We zijn om 10 uur ('s avonds) teruggekomen.

Grammaticale opmerkingen

Werkwoorden die hun **passé composé** (v.t.t.) vormen met **être** - *zijn*: wederkerende werkwoorden (**se trouver** - *zich bevinden*) en werkwoorden van beweging en overgang zoals **aller** - *gaan* (voltooid deelwoord: **allé**), **arriver** - *aankomen* (**arrivé**), **devenir** - *worden* (**devenu**), **entrer** - *binnengaan, binnenkomen* (**entré**), **mourir** - *sterven* (**mort**), **naître** - *geboren worden* (**né**), **partir** - *vertrekken, weggaan* (**parti**), **parvenir** - *bereiken, slagen in* (**parvenu**), **rentrer** - *terugkomen, thuiskomen* (**rentré**), **rester** - *blijven* (**resté**), **sortir** *naar buiten gaan, uitgaan* (**sorti**), **tomber** - *vallen* (**tombé**) of **venir** - *komen* (**venu**). Let erop dat bij vervoeging met **être** het voltooid deelwoord zich richt naar het onderwerp: **il est parti, elle est partie, nous sommes partis, elles sont parties**.

Het persoonlijk voornaamwoord **on** - *men,* vervoegd in de 3ᵉ pers. ev., wordt vaak gebruikt in de betekenis van *we*: **on est** - *men is* = **nous sommes** - *we zijn*.

Oefening – Vertaal de volgende zinnen
1. Elle y est allée.
2. **Nous sommes rentrés tard./On est rentré tard.**
3. Mijn broers zijn gisteren aangekomen.
4. De meisjes zijn vertrokken.

Oplossing
1. Ze is er heen gegaan.
2. We zijn laat teruggekomen.
3. **Mes frères sont arrivés hier.**
4. **Les filles sont parties.**

↗ **Dag 19**

Que fais-tu demain ?
Wat doe je morgen?

1. **Alors, dis-moi Paul : que fais-tu demain ?**
   alor die mwa pol ke fè tuu demē
   dan zeg-me Paul : wat doet-je morgen ?
   Wel, Paul, zeg (me) eens: wat doe je morgen?

2. **Demain je vais manger chez un ami en ville.**
   demē zje vee mãzjee sjeez ūn amie ã viel
   morgen ik ga eten bij een vriend in stad.
   Morgen ga ik eten bij een vriend in de stad.

3. **Qu'allez-vous faire ?**
   kalee voe fèèr
   wat'gaan-jullie doen ?
   Wat gaan jullie doen?

4. **Nous allons jouer aux cartes ! J'ai hâte !**
   noez alō zjoe-ee oo kart zjee aat
   we gaan spelen met-de kaarten ! ik'heb haast !
   We gaan kaartspelen! Ik kijk ernaar uit!

5. **Ah, oui ! Ça va être formidable !**
   aa wie sa va èétre formiedaable
   ah, ja ! dat gaat zijn formidabel !
   O, ja! Het wordt geweldig!

Grammaticale opmerkingen

Net als in het Nederlands wordt soms de o.t.t. gebruikt voor iets in de toekomst: **Que fais-tu demain ?** - *Wat doe je morgen?* Of maakt men gebruik van een vorm van **aller** - *gaan* + infinitief: **je vais manger** - *ik ga eten*.

De toekomende tijd (**futur**) wordt gevormd met de uitgangen **-ai**, **-as**, **-a**, **-ons**, **-ez**, **-ont** achter de infinitief: **je parlerai, tu parleras, il/elle parlera, nous parlerons, vous parlerez, ils/elles parleront** - *ik zal spreken/praten*, enz.

Chez [sjee] - *bij, naar*: **Suzette est chez un ami.** - *Suzette is bij een vriend.*, **Je vais chez le médecin/coiffeur.** - *Ik ga naar de dokter/kapper.*

Ça is de verkorte vorm van **cela** - *dat*, **ci** die van **ceci** - *dit*, maar de vertaling is niet altijd letterlijk.

De beklemtoonde persoonlijke voornaamwoorden **moi**, **toi**, **lui/elle**, **nous**, **vous**, **eux/elles** staan vaak na een voorzetsel of werkwoord.

Oefening – Vertaal de volgende zinnen
1. Nous mangerons à une heure.
2. Vous allez jouer aux cartes avec lui ?
3. Paul is bij een vriendin.
4. We gaan een film bekijken/naar een film kijken.

Oplossing
1. We zullen om 1 uur eten.
2. Gaat u/Gaan jullie met hem kaartspelen?
3. **Paul est chez une amie.**
4. **On va regarder un film./Nous allons regarder un film.**

↗ **Dag 20**

Nous nous disputons parfois !
We maken soms ruzie!

1   Comment se passent les vacances, Sophie ?
    komā se pas lè vakās sofie
    hoe zich voorbijgaan de vakanties, Sophie ?
    Hoe verloopt de vakantie, Sophie?

2   Bien, merci. Je me lève tous les jours à 11 heures !
    bjē mèrsie zje me lèèv toe lè zjoer a ōz ër
    goed, bedankt. ik me optil al de dagen om elf uren !
    Goed, dank je. Ik sta alle dagen op om 11 uur!

3   Et tu t'entends bien avec tes amis ?
    ee tuu tātā bjē avèk tèz amie
    en je je-hoort/verstaat goed met je vrienden ?
    En schiet je goed op met je vrienden?

4   Pas toujours ! Nous nous disputons parfois !
    pa toezjoer noe noe diespuutō parfwa
    niet altijd ! we ons disputeren soms !
    Niet altijd! We maken soms ruzie!

Grammaticale opmerkingen

Wederkerende werkwoorden als **s'appeler** - *heten* ("zich noemen") of **s'habiller** - *zich (aan)kleden* staan met een wederkerend voornaamwoord (waaruit blijkt dat het onderwerp de actie uitvoert): **me/m'** - *me*, **te/t'** - *je*, **se/s'** - *zich*, **nous** - *ons*, **vous** - *je*, **se/s'** - *zich*. Merk op dat sommige werkwoorden in het Frans wederkerend zijn, maar in het Nederlands niet (en omgekeerd), bijv.: **se lever** - *opstaan*, **se coucher** - *gaan slapen*.

Deze voornaamwoorden kunnen ook wederkerigheid uitdrukken (waarbij iets "met elkaar" gebeurt): **se disputer** - *ruzie maken (met elkaar)*, **s'entendre** - *met elkaar opschieten*.

Een paar courante bijwoorden van tijd: **parfois, quelquefois** - *soms*; **toujours** - *altijd*; **rarement** - *zelden*; **souvent** - *dikwijls, vaak*; **jamais** - *nooit*.

"Alle" (= al + de) is in het Frans **tous les**: **tous les jours** - *alle dagen*, **tous les lundis** - *alle maandagen, elke maandag*.

Oefening – Vertaal de volgende zinnen
1. Ze gaan om 11 uur 's avonds/23 uur slapen.
2. Schieten jullie goed op met elkaar?
3. **Elle se lève à huit heures (du matin).**
4. **Je vais souvent en vacances !**

Oplossing
1. **Ils/Elles se couchent à 23 heures.**
2. **Vous vous entendez bien?**
3. Ze staat op om 8 uur ('s morgens).
4. Ik ga dikwijls op vakantie!

↗ **Dag 21**

Vous avez passé de bonnes vacances ?
Hebben jullie een fijne vakantie doorgebracht?

1 Alors, ces vacances ! C'était comment ?
alor sè vakãs seetè komã
dan die vakanties ! het'was hoe ?
En, hoe was de vakantie?

2 Fantastique ! Nous avions un hôtel épatant !
fãtastiek noez avjõ ũn ootél eepatã
fantastisch ! we hadden een hotel verbluffend !
Fantastisch! We hadden een geweldig hotel!

3 Et les Français étaient sympathiques ?
ee lè frãsè eetè sẽpatiek
en de Fransen waren sympathiek ?
En waren de Fransen sympathiek?

4 Ils avaient toujours le sourire ! Enfin, presque !
ielz avè toezjoer le soerier ãfẽ prèsk
ze hadden altijd de glimlach ! tot-slot, bijna!
Ze hadden altijd een glimlach om de mond! Nou, bijna toch!

5 Vous voulez y retourner ?
voe voelee ie retoernee
jullie willen er terugkeren?
Willen jullie er opnieuw naartoe?

6 Oui ! Nous y retournons l'année prochaine !
wie noez ie retoernõ lanee prosjèèn
ja ! we er terugkeren het'jaar volgend !
Ja! We gaan er volgend jaar opnieuw heen!

Grammaticale opmerkingen

Met de **imparfait**, een verleden tijdsvorm vergelijkbaar met onze o.v.t., worden handelingen in het verleden met een onbepaalde duurtijd beschreven. Dit zijn de vormen van **être** - *zijn*:

j'étais	nous étions
tu étais	vous étiez
il/elle était	ils/elles étaient

Avoir - *hebben*:

j'avais	nous avions
tu avais	vous aviez
il/elle avait	ils/elles avaient

Het zal u niet verrassen dat er verschillende vormen van aanwijzende voornaamwoorden bestaan, afhankelijk van geslacht en getal van het naamwoord: **ce**/**cet** (voor een klinker of stomme h) bij m. ev., **cette** bij v. ev. en **ces** bij meervoudsvormen (m./v.).

Oefening – Vertaal de volgende zinnen

1. Ik was in Frankrijk.
2. We hadden een geweldig hotel!
3. **Nous y allons cette année.**
4. **Comment était le petit déjeuner ?**

Oplossing

1. J'étais en France.
2. **Nous avions un hôtel épatant/génial/super/... !**
3. We gaan er dit jaar heen.
4. Hoe was het ontbijt?

Conversatie

↗ Eerste contact

Het Frans handhaaft een zekere etiquette die sommigen wat formeel kan overkomen. Dit impliceert niet noodzakelijk gereserveerdheid, maar is meer een kwestie van respect betuigen via goede manieren en taalgebruik. Zo wordt in het Frans erg gelet op het onderscheid tussen het informele **tu** - *jij* tegenover bekenden en de beleefdheidsvorm **vous** - *u* bij het aanspreken van alle anderen (één persoon of een groep). Gebruik dus zeker **vous** in een restaurant, hotel, winkel, op straat, enz. Weet dat **vous** ook gewoon de 2e persoon meervoud kan zijn, dus ons *jullie*!

Begroetingen en aansprekingen

In het Frans begroet je mensen met **Bonjour** (bijv. als je een winkel, een kantoor, enz. binnengaat) en zeg je **Au revoir** bij het vertrekken. De aanspreekvormen zijn **monsieur**, **madame** of **mademoiselle**; voornamen worden alleen in minder formele situaties gebruikt. Onder familie en vrienden wordt als begroeting en afscheid op de wang gekust (**la bise**), waarbij het aantal kussen regionaal verschillend is.

Bij aankomst

Goeiemorgen, Goeiendag, Goeiemiddag, Dag!	**Bonjour !**	bõzjoer
Goeienavond!	**Bonsoir !**	bõswaar
Hallo!	**Salut !**	saluu
Alles goed?	**Ça va ?**	sa va
Maak je het goed? Maakt u het goed?	**Tu vas bien ?** **Vous allez bien ?**	tuu va bjẽ voez alee bjẽ
Hoe maakt u het?	**Comment allez-vous ?**	komãt alee voe

Bij het afscheidnemen

Tot ziens!	Au revoir !	oo revwaar
Tot morgen!	À demain !	a demē
Tot straks!	À tout à l'heure !	a toet a lër
Tot binnenkort!	À bientôt !	a bjētoo
Tot volgend jaar!	À l'année prochaine !	a lanee prosjèèn
Nog een fijne dag!	Bonne journée !	bon zjoernee
Nog een fijne week!	Bonne semaine !	bon semèèn
Goeienacht!	Bonne nuit !	bon nwie

Aansprekingen

Mevrouw	Madame	madam
Juffrouw	Mademoiselle	mademwazèl
Dames en Heren	Mesdames et messieurs	mèdamz ee mès-jeu
Meneer	Monsieur	mès-jeu

Wensen

Op vakantie

Welkom!	Bienvenue !	bjēvenuu
Prettig verblijf!	Bon séjour !	bõ seezjoer
Goede reis!	Bon voyage !	bõ vwajaazj
Goede vakantie!	Bonnes vacances !	bon vakās

Dagelijkse situaties

Gezondheid! (bij het toasten)	**Santé !**	sātee
Gefeliciteerd!	**Félicitations !**	feeliesietasiõ
Eet smakelijk!	**Bon appétit !**	bon apeetie
Veel geluk!	**Bonne chance !**	bon sjãs
Veel moed!	**Bon courage !**	bõ koeraazj

Speciale gelegenheden

Fijne verjaardag!	**Joyeux anniversaire !**	zjwajeuz anievèrsèèr
Gelukkig Nieuwjaar!	**Bonne année !**	bon anee
Vrolijk Kerstmis!	**Joyeux Noël !**	zjwajeu noël

Akkoord gaan of niet

De gebaren die kunnen gepaard gaan met deze uitdrukkingen zijn vergelijkbaar met de onze.

Ja.	**Oui.**	wie
Uiteraard.	**Bien sûr.**	bjè suur
Ja, ik wil wel.	**Oui, je veux bien.**	wie zje veu bjè
Akkoord.	**D'accord.**	dakor
Misschien.	**Peut-être.**	peutèètr
Nee.	**Non.**	nõ
Helemaal niet.	**Pas du tout.**	pa duu toe
Ik ga akkoord.	**Je suis d'accord.**	zje swie dakor
Ik ga niet akkoord.	**Je ne suis pas d'accord.**	zje ne swie pa dakor
Ik ook.	**Moi aussi.**	mwa oosie
Ik ook niet.	**Moi non plus.**	mwa nõ pluu

CONVERSATIE

Vragen stellen

Het gemakkelijkst is een bevestigende zin om te zetten in een vraag via uw intonatie (stijgende toon) of de zin in te leiden met **Est-ce que ...** Een andere mogelijkheid is werkwoord en onderwerp van plaats te wisselen. Daarnaast zijn er nog de vraagwoorden en -constructies die de vraag kunnen inleiden.

Wat ...?	Qu'est-ce que ... ?	kèske
Hoe?	Comment ?	komã
Hoelang?	Combien de temps ?	kõbjẽ de tã
Hoeveel?	Combien (de) ?	kõbjẽ (de)
Wanneer?	Quand ?	kã
Waar?	Où ?	oe
Welk(e)?	Quel *(m.)*/Quelle *(v.)*/ Quels *(m. mv.)*/Quelles *(v. mv.)* ?	kèl
Wie?	Qui ?	kie
Waarom?	Pourquoi ?	poerkwa

Bedanken

Dank u/je, Bedankt.	Merci.	mèrsie
Dank u/je wel.	Merci beaucoup.	mèrsie bookoe
Graag gedaan.	Je vous en prie. *(u)* Je t'en prie. *(jij)*	zje voez ã prie zje tã prie
Zonder dank.	De rien.	de rjẽ

Lichaamstaal

Hoe zuidelijker, hoe expressiever. En bij bepaalde Franse uitdrukkingen hoort dan ook specifieke lichaamstaal.

Een paar voorbeelden:

- **Bof...** [bof] wijst erop niet bijzonder enthousiast te zijn over iets, zoals *Nou, 'k weet 't zo niet* of *'k heb zo m'n twijfels*; hierbij worden de schouders opgehaald en de wenkbrauwen opgetrokken terwijl de onderlip vooruit steekt en het hoofd naar één kant buigt.

- **Quelle barbe !** [kèl barb] ('Wat 'n baard!') past bij verveeldheid, zoals *Wat saai!, Wat een gezaag!,* waarbij men met de buitenkant van de vingers van één hand op en neer over z'n wang strijkt en terwijl met opgetrokken wenkbrauwen stevig blaast.

- **Ras-le-bol !** [ra le bol] ('tot de rand van de kom') voor *Ik heb er genoeg van!* Beweeg daartoe een hand achter en voor boven uw hoofd.

- **Avoir un verre dans le nez** [avwaar ũ vèèr dã le nee] ('een glas in de neus hebben') komt overeen met *een glaasje op hebben*! Maak een vuist rond uw neus en wring hem een kwartslag.

- **Mon œil !** [mõn ëj] ('mijn oog') wordt gebruikt om ongeloof uit te drukken, zoals *Dat zal wel...* Trek hierbij met uw wijsvinger een onderste ooglid naar beneden.

- **Tu es fou !** [tuu è foe] / **T'es fou !** [tè foe] - *Je bent gek!,* waarbij uw wijsvinger tegen de slaap een kurkentrekkerbeweging maakt.

Talen en erin begrepen worden

Een paar nuttige zinnen voor als het gesprek even mank loopt:

Ik begrijp het niet.
Je ne comprends pas.
zje ne kõprã pa

Kunt u herhalen, alstublieft?
Pouvez-vous répéter, s'il vous plaît ?
poevee voe reepeetee siel voe plè

Kunt u langzamer spreken?
Pouvez-vous parler plus lentement ?
poevee voe parlee pluu lätmā

Wat wil... zeggen?
Que veut dire... ?
ke veu dier

Spreekt u ...?	Parlez-vous ... ?	parlee voe
Ik spreek geen ...	Je ne parle pas ...	zje ne parle pa
... Frans.	... français.	frāsè
... Engels.	... anglais.	āGlè
... Duits.	... allemand.	almā
... Italiaans.	... italien.	ietaljē
... Nederlands.	... néerlandais.	neerlādè
... Spaans.	... espagnol.	èspanjol

| Hoe zegt u/Wat zeg je? | Comment ? | komā |
| Het spijt me. | Désolé(e). (m./v.) | deezolee |

↗ Mensen ontmoeten

Elkaar ontmoeten

Denk eraan tegenover iemand die u niet (goed) kent de beleefdheidsvorm **vous** te gebruiken (vervoegd in de 2e pers. mv.)!

Dag Mevrouw Dupont! Hoe maakt u het?
Bonjour, Madame Dupont ! Comment allez-vous ?
bõzjoer madam duupõ komãt alee voe

Heel goed, dank u. En u(zelf)?
Très bien, merci. Et vous-même ?
trè bjē mèrsie ee voe mèèm

Weet u niet zeker of **tu** dan wel **vous** aangewezen is, dan is de volgende vraag een optie waarbij u niet hoeft te kiezen:

| *Hoe gaat het?* | **Comment ça va ?** | komã sa va |

Een paar mogelijke antwoorden zijn:

Goed.	**Bien.**	bjē
Het gaat.	**Ça va.**	sa va
Niet slecht.	**Pas mal.**	pa mal
Niet zo goed.	**Pas très bien.**	pa trè bjē
Slecht.	**Mal.**	mal

In informele situaties kan iemand voorstellen elkaar met **tu** aan te spreken (**tutoiement**):

We tutoyeren elkaar, oké?
On se tutoie, d'accord ?
õ se tuutwa dakor

In dit geval zegt u wanneer u elkaar ontmoet:

| *Hoe maak je het?* | **Comment vas-tu ?** | komã va tuu |
| *Goed, en jij?* | **Bien, et toi ?** | bjē ee twa |

CONVERSATIE

Zich voorstellen

Wanneer u iemand voor het eerst ontmoet, kan die de hand uitsteken of, als het een vriendschappelijke ontmoeting is, voor **la bise** - *de kus* (op de wang) kiezen. Volg gewoon het initiatief!

Goeienavond. Mag ik u Audrey voorstellen (Ik stel u Audrey voor).
Bonsoir. Je vous présente Audrey.
bõswaar zje voe preezãt oodree

Aangenaam (v.). Ik heet (noem me) Anne.
Enchantée. Je m'appelle Anne.
ãsjãtee zje mapèl an

Mag ik je/u... voorstellen.	Je te/vous présente ... (inf./form.)	zje te/voe preezãt
Dit is/zijn...	Voici...	vwasie
... een vriend/-in.	... un ami/une amie.	ũn amie/uun amie
... mijn broer.	... mon frère.	mõ frèèr
... mijn dochter.	... ma fille.	ma fiej
... mijn man.	... mon mari.	mõ marie
... mijn ouders.	... mes parents.	mè parã
... mijn vrouw.	... ma femme.	ma fam
... mijn zoon.	... mon fils.	mõ fies
... mijn zus.	... ma sœur.	ma sër

Hoe heet je?	Comment t'appelles-tu ?	komã tapèl tuu
Hoe heet u? Hoe heten jullie?	Comment vous appelez-vous ?	komã voez aplee voe
Aangenaam.	Enchanté(e). (m./v.)	ãsjãtee

Zeggen waar men vandaan komt

Van waar bent u? / Van waar ben je?
D'où êtes-vous ? / D'où es-tu ?
doe èèt voe / doe è tuu

Waar komt u vandaan? / Waar kom je vandaan?
D'où venez-vous ? / D'où viens-tu ?
doe venee voe / doe vjẽ tuu

Het antwoord hierop is:
Je viens de *[zje vjẽ de]* of **il/elle vient de** *[iel/èl vjẽ de]*, **nous venons de** *[noe venõ de]*, **ils/elles viennent de** *[iel/èl vjèn de]* …

Ik kom uit België/Nederland.
Je viens de Belgique/des Pays-Bas.
zje vjẽ de bèlzjiek/dè peeieba

Let erop bij elk land de juiste lidwoordvorm te gebruiken:

Australië	**l'Australie**	loostralie
Belgë	**la Belgique**	la bèlzjiek
Canada	**le Canada**	le kanada
China	**la Chine**	la sjien
Duitsland	**l'Allemagne**	lalmanj
Engeland	**l'Angleterre**	lãGletèèr
Frankrijk	**la France**	la frãs
Groot-Brittannië	**la Grande-Bretagne**	la Grãd bretanj
Ierland	**l'Irlande**	lierläd
India	**l'Inde**	lẽd
Italië	**l'Italie**	lietalie

Japan	le Japon	le zjapõ
Nederland	les Pays-Bas	lê peeieba
Nieuw-Zeeland	la Nouvelle-Zélande	la noevèl zeelãd
Schotland	l'Écosse	leekos
Spanje	l'Espagne	lèspanj
de Verenigde Staten	les États-Unis	lèz eetaz uunie
Wales	le Pays de Galles	le peeie de Gal
Zuid-Afrika	l'Afrique du Sud	lafriek duu suud
Zwitserland	la Suisse	la swies

Merk op dat nationaliteit zonder hoofdletter geschreven wordt:

Ik ben ...	Je suis ...	zje swie
... Amerikaan/-se.	... américain(e).	ameeriekē/ameeriekèèn
... Australiër/-ische.	... australien(ne).	oostraljē/oostraljèn
... Belg/-ische.	... belge.	bèlzj
... Brit/-se.	... britannique.	brietaniek
... Nederlander/-se.	... néerlandais(e), hollandais/-se.	neerlãdè/neerlãdèèz, olãdè/olãdèèz
... Nieuw-Zeelander/-se.	... néo-zélandais(e).	neeoo zeelãdè/ neeoo zeelãdèèz
... Zuid-Afrikaan/-se.	... sudafricain(e).	suudafriekē/ suudafriekèèn

Leeftijd

In het Frans zeg je hoeveel jaren je hebt, niet hoeveel jaar je oud bent. Gebruik dus altijd een vorm van **avoir** i.p.v. **être**! Aantallen vindt u op de flap.

Hoe oud ben je?	**Quel âge as-tu ?**	*kèl aazj a tuu*
Hoe oud bent u?	**Quel âge avez-vous ?**	*kèl aazj avee voe*
Ik ben 30 (jaar).	**J'ai 30 ans.**	*zjee trāt ā*
Wat is uw geboortedatum?	**Quelle est votre date de naissance ?**	*kèl è votre dat de nèsās*
Ik ben geboren in ...	**Je suis né(e) en ... (m./v.)**	*zje swie nee ā*

Familie

Om uw burgerlijke staat aan te geven:

Ik ben ...	Je suis ...	*zje swie*
... gescheiden.	**... divorcé(e).**	*dievorsee*
... getrouwd.	**... marié(e).**	*marjee*
... vrijgezel.	**... célibataire.**	*seeliebatèèr*
... weduwnaar/weduwe.	**... veuf/veuve.**	*vëf/vëv*

Om te zeggen met wie u reist:

Ik ben hier met ...	Je suis ici avec ...	*zje swiez iesie avèk*
... mijn vrouw.	**... ma femme.**	*ma fam*
... mijn man.	**... mon mari.**	*mō marie*
... mijn partner.	**... mon compagnon (m.)/ ma compagne (v.).**	*mō kōpanjō/ ma kōpanj*
... mijn dochter/zoon.	**... ma fille/mon fils.**	*ma fiej/mō fies*
... mijn ouders.	**... mes parents.**	*mè parā*
... mijn kinderen.	**... mes enfants.**	*mèz āfā*
... een vriend/vriendin.	**... un ami/une amie.**	*ūn amie/uun amie*

CONVERSATIE

Hoeveel kinderen hebt u/hebben jullie?
Combien d'enfants avez-vous ?
kõbjē dãfã avee voe

Ik heb drie kinderen.
J'ai trois enfants.
zjee trwaz ãfã

Andere familieleden:

mijn kind	**mon enfant**	*mõn ãfã*
mijn kleindochter	**ma petite-fille**	*ma petietfiej*
mijn kleinzoon	**mon petit-fils**	*mõ petiefies*
mijn kleinkinderen	**mes petits-enfants**	*mè petiezãfã*
mijn grootmoeder	**ma grand-mère**	*ma Grãmèèr*
mijn grootvader	**mon grand-père**	*mõ Grãpèèr*
mijn tante	**ma tante**	*ma tãt*
mijn oom	**mon oncle**	*mõn õkl*
mijn kozijn, neef/nicht	**mon cousin/ ma cousine**	*mõ koezẽ/ ma koezien*
mijn neef	**mon neveu**	*mõ neveu*
mijn nicht	**ma nièce**	*ma njès*
mijn schoonvader	**mon beau-père**	*mõ boopèèr*
mijn schoonmoeder	**ma belle-mère**	*ma bèlmèèr*
mijn schoonouders	**mes beaux-parents**	*mè booparã*
mijn schoonzus	**ma belle-sœur**	*ma bèlsër*
mijn schoonbroer, zwager	**mon beau-frère**	*mõ boofrèèr*

Werk en studies

Nadat u het gehad hebt over waar u vandaan komt en over uw familie is er veel kans dat het volgende onderwerp uw dagelijkse activiteiten wordt.

Wat is jouw/uw beroep?
Quel est ton/votre métier ?
kèl è tõ/votr meetjee

Wat doe je/doet u in het leven?
Que fais-tu/faites-vous dans la vie ?
ke fè tuu/fèt voe dã la vie

Een paar beroepen (net als in het Nederlands hebben sommige een mannelijke en een vrouwelijke vorm):

Ik ben ...	Je suis ...	zje swie
... architect/-e.	... architecte.	arsjietèkt
... arts.	... médecin.	meedsẽ
... advocaat/-ate.	... avocat(e).	avoka/avokat
... dierenarts.	... vétérinaire.	veeteerienèèr
... fotograaf/fotografe.	... photographe.	fotoGraf
... informaticus.	... informaticien(ne).	ẽformatiesiẽ/ ẽformatiesièn
... ingenieur.	... ingénieur(e).	ẽzjeenjẽr
... kok/kokkin.	... cuisinier/ cuisinière.	kwiezienjee/ kwiezienjèèr
... leraar/lerares.	... enseignant(e).	ãsènjã/ãsènjãt
... loodgieter.	... plombier.	plõbjee

... monteur.	... mécanicien(ne).	*meekaniesië/ meekaniesiën*
... muzikant/-e.	... musicien(ne).	*muuziesië/muuziesiën*
... politieagent/-e.	... policier/policière.	*poliesiee/poliesièèr*
... student/-e.	... étudiant(e).	*eetuudjã/eetuudjät*
... verpleger/ verpleegster.	... infirmier/infirmière.	*êfiermjee/êfiermjèèr*
... gepensioneerd.	... retraité(e).	*retrètee*
... werkloos.	... sans emploi.	*sãz ãplwa*

U kunt ook zeggen:

Ik werk in ...	Je travaille dans ...	*zje travaj dãz*
... een bank.	... une banque.	*uun bãk*
... een informatica-bedrijf.	... une entreprise d'informatique.	*uun ãtrepriez dêformatiek*
... een kantoor.	... un bureau.	*ū buuroo*
... een museum.	... un musée.	*ū muuzee*
... een school.	... une école.	*uun eekol*
... een winkel.	... un magasin.	*ū maGazẽ*

En voor wie studeert:

Wat studeer je? / Wat studeert u?
Qu'étudies-tu ? / Qu'étudiez-vous ?
keetuudie tuu / keetuudjee voe

Ik studeer rechten.
Je fais des études de droit. / J'étudie le droit.
zje fè dèz eetuud de drwa / zjeetuudie le drwa

Meningen

Hou je/Houdt u van de Franse keuken?
Tu aimes / Vous aimez la cuisine française ?
tuu èm / voez eemee la kwiezien frāsèèz

Ja, ik ben er gek op!
Oui, j'adore !
wie zjador

Ik ook!
Moi aussi !
mwa oosie

Nee, ik houd er niet van.
Non, je n'aime pas.
nõ zje nèèm pa

Ik ook niet.
Moi non plus.
mwa nõ pluu

Het is ... / Het was ...	C'est ... / C'était ...	sè / seetè
... bar slecht.	... nul.	nuul
... gemakkelijk.	... facile.	fasiel
... heerlijk.	... délicieux.	deeliesieu
... interessant.	... intéressant.	ēteerèsā
... lelijk.	... moche.	mosj
... moeilijk.	... difficile.	diefiesiel
... mooi.	... beau.	boo

... nutteloos.	... inutile.	ienuutiel
... nuttig.	... utile.	uutiel
... schrikwekkend.	... effrayant.	eefrèjã
... super/geniaal.	... super/génial.	suupèèr/zjeenjal
... vermoeiend.	... fatigant.	fatieGã
... verrassend.	... surprenant.	suurprenã
... vervelend.	... ennuyeux.	ãnwiejeu
... vreselijk.	... affreux.	afreu
... wansmakelijk.	... dégoûtant.	deeGoetã

Ik ben gek op ...	J'adore ...	zjador
Ik hou van ...	J'aime ...	zjèèm
Ik hou niet van ...	Je n'aime pas ...	zje nèèm pa
Ik heb een hekel aan ...	Je déteste ...	zje deetèst
Naar mijn mening ...	À mon avis ...	a mõn avie
Ik denk dat ...	Je pense que ...	zje pãs ke
U hebt gelijk.	Vous avez raison.	voez avee rèzõ
U hebt ongelijk.	Vous avez tort.	voez avee tor

Mensen uitnodigen

Eten en drinken maakt integraal deel uit van het sociale leven. Wordt u bij iemand thuis uitgenodigd, dan neemt u voor de gastheer/-vrouw een attentie mee. Is dit wijn, dan wordt die beschouwd als geschenkje, eerder dan dat die geopend wordt bij de maaltijd, daar er ongetwijfeld al een wijn gekozen werd die past bij de gerechten.

Wilt u/Willen jullie / Wil je komen...	Voulez-vous / Veux-tu venir ...	voelee voe/ veu tuu venier
... eten vanavond?	... dîner ?	dienee
... lunchen?	... déjeuner ?	deezjënee
... naar een feestje?	... à une fête ?	a uun fèèt

Ja, met plezier!	Oui, avec plaisir !	wie avèk pleezier
Het spijt me, ik ben bezet.	Je suis désolé(e), je suis pris(e).	zje swie deezolee, zje swie prie (priez)
Bedankt om me uitgenodigd te hebben.	Merci de m'avoir invité(e).	mèrsie de mavwaar ēvietee

Afspreken

Un rendez-vous staat voor eender welke vorm van afspraak, dus zowel een zakelijke, een vriendschappelijke als een amoureuze ontmoeting.

Een paar manieren om er zo een te regelen:

Wat doe je vanavond?	Qu'est-ce que tu fais ce soir ?	kèske tuu fè se swaar
Ik heb afgesproken met vrienden.	J'ai rendez-vous avec des amis.	zjee rãdeevoe avèk déz amie

Wil je ...	Tu veux ...	tuu veu
... uitgaan dit weekend?	... sortir ce weekend ?	sortier se wiekènd
... een glas drinken?	... boire un verre ?	bwaar ũ vèèr
... naar de bioscoop gaan?	... aller au cinéma ?	alee oo sieneema
... gaan winkelen?	... faire les magasins ?	fèèr lè maGazē
... een koffie nemen?	... prendre un café ?	prādr ũ kafee

| Graag! | Volontiers ! | volõtjee |
| Helaas, ik kan niet. | Malheureusement, je ne peux pas. | maleureuzmã zje ne peu pa |

Op de versiertoer

Mocht u een gesprek willen aanknopen met iemand die u wat beter wil leren kennen...

U bent/Je bent ...	Vous êtes/Tu es ...	voez èèt/tuu è
... charmant.	... charmant(e).	sjarmã/sjarmãt
... schattig.	... mignon(ne).	mienjõ/mienjon
... intelligent.	... intelligent(e).	ētèliezjā/ētèliezjāt
... grappig.	... drôle.	drool

| versieren | draguer | draGee |

Mag ik u/je een glas aanbieden?
Je peux vous offrir/t'offrir un verre ?
zje peu voez ofrier/tofrier ũ vèèr

Kan ik u/je terug zien?
Puis-je vous/te revoir ?
pwiezj voe/te revwaar

Je/U bevalt me.
Tu me plais. / Vous me plaisez.
tuu me plè / voe me pleezee

Of als u met rust wil gelaten worden:

Ik ben met iemand.	**Je suis en couple.**	zje swiez ã koepl
Ik blijf liever alleen.	**Je préfère rester seul(e).**	zje preefèèr rèstee sël
Laat me met rust !	**Laissez-moi tranquille !**	lèsee mwa trãkiel
Hoepel op!	**Fichez-moi la paix !**	fiesjee mwa la pè

↗ Religie en tradities

De Franse republiek is gebaseerd op het principe van **laïcité** (scheiding van kerk en staat) met wettelijke vrije godsdienstkeuze. Vandaag is Frankrijk een multiculturele samenleving met verschillende godsdiensten, maar mede door de geschiedenis blijft het katholicisme (**le catholicisme**) de meest dominante religie, getuige de vele nationale feestdagen die katholiek religieus geïnspireerd zijn.

Wat is uw godsdienst?
Quelle est votre religion ?
kèl è votre reliezjiõ

Ik ben ...	Je suis ...	zje swie
... gelovig.	... **croyant(e).**	krwajã/krwajãt
... boeddhist/-e.	... **bouddhiste.**	boediest
... christen.	... **chrétien(ne).**	kreetjẽ/kreetjèn

... jood/joodse.	... juif/juive.	zjwief/zjwiev
... moslim/-a.	... musulman(e).	muuzuulmã/ muuzuulman
Ik ben niet praktiserend.	Je ne suis pas pratiquant/ pratiquante.	zje ne swie pa pratiekã/ pratiekãt
bidden/een gebed	prier/une prière	priee/uun prièèr
een kerk	une église	uun eeGliez
een moskee	une mosquée	uun moskee
een priester	un prêtre	ū prèètr
een synagoge	une synagogue	uun sienaGoG
een tempel	un temple	ū tāpl

Belangrijke feestdagen in Frankrijk

• **Pâques -** *Pasen*, een christelijk feest waarbij de legende hoort dat de kerkklokken chocolade meebrengen uit Rome en die voor de kinderen in hun tuin droppen.
• **Le quatorze juillet -** *14 juli*, de Franse **Fête Nationale** - *nationale feestdag* waarop de bestorming van de fortgevangenis La Bastille in 1789 herdacht wordt (de symbolische start van de Franse Revolutie), met officiële plechtigheden en optochten en 's avonds overal *vuurwerk* - **les feux d'artifice** *[lè feu dartiefies]*.
• **Noël** - *Kerstmis*: in veel delen van Noord- en Oost-Frankrijk wordt de kerstviering ingezet op 6 december, met sinterklaasdag; traditioneel staat er **une crèche** - *een kribbe* (de kerststal) en wordt er op kerstavond - **le Réveillon de Noël** *[le reevèjõ de noèl]*) uitgebreid getafeld.
• **La Saint Sylvestre** *[la sẽ sielvèstre]* - *sylvester- of oudejaarsavond* is alweer een gelegenheid om aan tafel te schuiven voor **le Réveillon de la Saint Sylvestre**; om middernacht wordt er onder de maretak - **le gui** gekust en gelukgewenst.

een feestdag	**un jour férié**	*ū zjoer feerjee*
Vrolijk Kerstmis!	**Joyeux Noël !**	*zjwajeu noël*
Nieuwjaar	**Nouvel An**	*noevèl ã*
Gelukkig Nieuwjaar!	**Bonne année !**	*bon anee*

Nieuwjaarsdag	**le Jour de l'An**	*le zjoer de lã*
Paasmaandag	**le Lundi de Pâques**	*le lūdie de paak*
Feest/Dag van de Arbeid (1 mei)	**la Fête du Travail**	*la fèèt duu travaj*
Overwinningsfeest (8 mei)	**la Fête de la Victoire de 1945**	*la fèèt de la viektwaar de miel nèf sã karãt sēk*
Hemelvaart	**l'Ascension**	*lasãsiõ*
Pinkstermaandag	**le Lundi de la Pentecôte**	*le lūdie de la pãtkoot*
Nationale Feestdag (14 juli)	**la Fête Nationale**	*la fèèt nasional*
Allerheiligen (1 november)	**la Toussaint**	*la toesē*
Wapenstilstand (11 november)	**la Fête du 11 Novembre**	*la fèèt duu õz novãbr*
Kerstdag	**le Jour de Noël**	*le zjoer de noël*

Het weer

Verschillende regio's in Frankrijk hebben een verschillend klimaat, en waar u ook bent, zal het weer ter sprake komen. Let erop dat men in het Frans zegt wat het weer doet (**faire**), niet hoe het is (**être**) of wordt!

Welk weer wordt het morgen?
Quel temps va-t-il faire demain ?
kèl tā vatiel fèèr demē

Het gaat ... worden./ Het is ...	Il va faire ... / Il fait ...	iel va fèèr / iel fè
... mooi.	... beau.	boo
... slecht.	... mauvais.	moovè
... warm.	... chaud.	sjoo
... koud.	... froid.	frwa

En meer gedetailleerd:

Er hangt mist.	Il y a du brouillard.	iel ieja duu broejaar
Er staat wind.	Il y a du vent.	iel ieja duu vā
De hemel is betrokken.	Le ciel est couvert.	le sièl è koevèèr
Het vriest.	Il gèle.	iel zjèl
Het regent.	Il pleut.	iel pleu
Het sneeuwt.	Il neige.	iel nèèzj
Wat een mooie dag!	Quelle belle journée !	kèl bèl zjoernee
Wat een vreselijk weer!	Quel temps affreux !	kèl tā afreu

↗ Tijdsaanduidingen

Het uur

In het Frans vraagt men niet "hoe laat" het is, maar "welk uur" het is. Er wordt veel gebruik gemaakt van het 24-urensysteem, dus met ook 13.00–24.00.

Hoe laat is het?
Quelle heure est-il ?
kèl ër ètiel

Weet u hoe laat het is (hebt u het uur), *alstublieft?*
Avez-vous l'heure, s'il vous plaît ?
avee voe lër siel voe plè

Het is 9 uur 30 ('s avonds)/21u30.
Il est vingt-et-une heures trente.
iel è vēt ee uun ër trãt

Het is ...	Il est ...	iel è
... middag, 12u 's middags.	... midi.	miedie
... middernacht.	... minuit.	mienwie
... 4 uur.	... quatre heures.	katr ër
... kwart over 10.	... dix heures et quart.	diez ër ee kaar
... halfnegen.	... huit heures et demie.	wiet ër ee demie
... kwart voor 2.	... deux heures moins le quart.	deuz ër mwē le kaar
... 10 voor 1.	... une heure moins dix.	uun ër mwē dies
... precies 3 uur.	... trois heures pile.	trwaz ër piel
... vroeg.	... tôt.	too
... laat.	... tard.	taar
's morgens	le matin	le matē
's (na)middags	l'après-midi	laprè miedie
's avonds	le soir	le swaar
's nachts	la nuit	la nwie

Hoe laat ...	À quelle heure ...	a kèl ër
... vertrekt de trein?	... le train part-il ?	le trẽ paart iel
... sluiten jullie?	... fermez-vous ?	fèrmee voe
... gaan jullie open?	... ouvrez-vous ?	oevree voe
om het uur	toutes les heures	toet lèz ër
om het halfuur	toutes les demi-heures	toet lè demie ër

De datum, dagen en maanden

Let erop dat "het" in het Frans geen dag "is" of we geen dag "hebben", maar "men" een dag "is" (**on est lundi**) of we een dag "zijn" (**nous sommes lundi**).
Alleen bij de eerste dag van de maand wordt het rangtelwoord 1er *[premjee]* - 1e gebruikt.

Welke dag is het?
Quel jour sommes-nous ?
kèl zjoer som noe

Het is vandaag dinsdag.
Nous sommes mardi aujourd'hui.
noe som mardie oozjoerdwie

Het is de eerste januari/1 januari.
Nous sommes le premier janvier.
noe som le premjee zjãvjee

Maandag 5 december 1965
Lundi cinq décembre mille neuf cent soixante-cinq
lũdie sẽk deesãbre miel nëf sã swasãt sẽk

De dagen van de week

maandag	**lundi**	lūdie
dinsdag	**mardi**	mardie
woensdag	**mercredi**	mèrkredie
donderdag	**jeudi**	zjeudie
vrijdag	**vendredi**	vādredie
zaterdag	**samedi**	samdie
zondag	**dimanche**	diemāsj

De maanden van het jaar

januari	**janvier**	zjāvjee
februari	**février**	feevriee
maart	**mars**	mars
april	**avril**	avriel
mei	**mai**	mè
juni	**juin**	zjuē
juli	**juillet**	zjwiejè
augustus	**août**	oet
september	**septembre**	sèptābr
oktober	**octobre**	oktobr
november	**novembre**	novābr
december	**décembre**	deesābr

De seizoenen

het seizoen	**la saison**	la sèzō
de lente	**le printemps**	le prētā
de zomer	**l'été**	leetee
de herfst	**l'automne**	looton
de winter	**l'hiver**	lievèèr

Wanneer?

al	**déjà**	*deezja*
alle dagen	**tous les jours**	*toe lè zjoer*
altijd	**toujours**	*toezjoer*
deze maand	**ce mois-ci**	*se mwa sie*
deze week	**cette semaine**	*sèt semèèn*
dit jaar	**cette année**	*sèt anee*
gedurende	**pendant**	*pãdã*
geleden (bijv. 10 jaar geleden)	**il y a (p. ex., il y a dix ans)**	*iel ieja par èGzãple iel ieja diez ã*
gewoonlijk	**d'habitude**	*dabietuud*
gisteren	**hier**	*jèèr*
in de zomer	**en été**	*ãn eetee*
morgen	**demain**	*demẽ*
nog	**encore**	*ãkor*
nooit	**jamais**	*zjamè*
nu	**maintenant**	*mẽtenã*
opnieuw	**de nouveau**	*de noevoo*
over drie dagen	**dans trois jours**	*dã trwa zjoer*
overmorgen	**après-demain**	*aprè demẽ*
sinds	**depuis**	*depwie*
soms	**quelquefois**	*kèlkefwa*
twee keer per dag	**deux fois par jour**	*deu fwa par zjoer*
vandaag	**aujourd'hui**	*oozjoerdwie*
volgend jaar	**l'année prochaine**	*lanee prosjèèn*
volgende week	**la semaine prochaine**	*la semèèn prosjèèn*
vorige maand	**le mois dernier**	*le mwa dèrnjee*
zelden	**rarement**	*raarmã*

↗ Dringend hulp nodig

Hulpdiensten

In geval van nood belt u het gratis Europees noodnummer (**112**) vanwaar u doorverbonden wordt met de betrokken dienst. De brandweer rukt niet alleen uit bij brand, maar ook bij rampen en vaak bij auto-ongevallen.

Ik heb hulp nodig!
J'ai besoin d'aide !
zjee bezwẽ dèèd

Het is dringend!
C'est urgent !
sèt uurzjã

Ik ben gewond.
Je suis blessé(e).
zje swie blèsee

Er is een ongeval gebeurd!
Il y a eu un accident !
iel ieja uu ũn aksiedã

Help!	**Au secours !/À l'aide !**	oo sekoer/a lèèd
Opgelet!	**Attention !**	atãsiõ
Snel!	**Vite !**	viet
Brand!	**Au feu !**	oo feu

Roep ...	Appelez ...	aplee
... de brandweer.	... les pompiers.	lè põpjee
... een dokter.	... un médecin.	ũ meedsẽ
... een ziekenwagen.	... une ambulance.	uun ãbuulãs

Er is ...	Il y a ...	iel ieja
... brand.	... un incendie.	ũn ẽsãdie
... een gewonde.	... un blessé.	ũ blèsee
... een overstroming.	... une inondation.	uun ienõdasiõ
... een zieke.	... un malade.	ũ malaad

↗ Infoborden en afkortingen

Infoborden

Buiten gebruik	Hors service	or sèrvies
Dames/Vrouwen	Dames/Femmes	dam/fam
Drinkwater	Eau potable	oo potaabl
Duwen	Poussez	poesee
Gereserveerd	Réservé	reezèrvee
Gesloten	Fermé	fèrmee
Gevaar	Danger	dãzjee
Heren/Mannen	Messieurs/Hommes	mès-jeu/om
Ingang	Entrée	ãtree
Kassa	Caisse	kès
Lift	Ascenseur	asãsër
Nooduitgang	Sortie de secours	sortie de sekoer
Om mee te nemen	À emporter	a ãportee

Onthaal, Infobalie/ Inlichtingen	**Accueil/ Renseignements**	*akëj/ räsènjemā*
Open	**Ouvert**	*oevèèr*
Privé	**Privé**	*prievee*
Te huur	**À louer**	*a loe-ee*
Te koop	**À vendre**	*a vädr*
Tickets	**Billets**	*biejè*
Toilet	**Toilettes**	*twalèt*
Trekken	**Tirez**	*tieree*
Uitgang	**Sortie**	*sortie*
Verboden te roken	**Défense de fumer**	*deefäs de fuumee*
Verboden toegang	**Défense d'entrer**	*deefäs dätree*
Vol	**Complet**	*kõplè*
Vrij	**Libre**	*liebr*
Wachtzaal	**Salle d'attente**	*sal datāt*

Afkortingen

Een paar veel voorkomende letterwoorden in Frankrijk:

- **S.N.C.F. (Société Nationale des Chemins de Fer Français)** *[ès èn see èf] Franse nationale spoorwegmaatschappij*

- **R.E.R. (Réseau Express Régional)** *[èr e èr]* "Regionaal expres (spoor)netwerk" dat Parijs verbindt met de voorsteden

- **T.G.V. (Train à Grande Vitesse)** *[tee zjee vee]* hst (hogesnelheidstrein)

- **T.E.R. (Train Express Régional)** *[tee e èr]* treinverbinding tussen de meeste Franse steden

- **T.V.A. (Taxe sur la Valeur Ajoutée)** *[tee vee aa]*
btw (belasting op de toegevoegde waarde)

- **T.T.C. (Toutes Taxes Comprises)** *[tee tee see]*
alle belastingen inbegrepen

- **P.V. (Procès-Verbal)** *[pee vee]*
pv, proces-verbaal, bekeuring

- **SAMU (Service d'Aide Médicale d'Urgence)** *[samuu]*
(permanente) medische noodhulpdienst

- **R.N. (Route Nationale)** *[èr èn]*
nationale weg

- **V.T.T. (Vélo Tout Terrain)** *[vee tee tee]*
(alle) terreinfiets, mountainbike

- **V.O. (Version Originale)** *[vee oo]*
originele versie (film in zijn oorspronkelijke taal)

↗ Reizen

Paspoortcontrole en douane

Uw paspoort, alstublieft.
Votre passeport, s'il vous plaît.
votre paspor siel voe plè

Uit welk land komt u?
De quel pays venez-vous ?
de kèl peeie venee voe

Wat is de reden van uw bezoek?
Quelle est la raison de votre visite ?
kèl è la rèzõ de votre vieziet

Hoe lang denkt u te blijven?
Combien de temps pensez-vous rester ?
kõbjë de tã pãsee voe restee

Kunt u uw tas openmaken, alstublieft?
Pouvez-vous ouvrir votre sac, s'il vous plaît ?
poevee voe oevrier votre sak siel voe plè

Hebt u iets aan te geven?
Avez-vous quelque chose à déclarer ?
avee voe kèlke sjooz a deeklaree

de bagage	**les bagages**	lè baGaazj
de douane	**la douane**	la doean
een koffer	**une valise**	uun valiez
Niets aan te geven	**Rien à déclarer**	rjēn a deeklaree
Paspoortcontrole	**Contrôle des passeports**	kõtrool dè paspor

Geld

Betalen kan meestal met een bankkaart, maar mocht u bankverrichtingen willen doen:

Waar is de dichtstbijzijnde bank, alstublieft?
Où se trouve la banque la plus proche, s'il vous plaît ?
oe se troev la bāk la pluu prosj siel voe plè

Kan ik dollars/ponden wisselen?
Puis-je changer des dollars/livres ?
pwiezj sjãzjee dè dolaar/lievr

CONVERSATIE 87

een bank	une banque	uun bāk
een bankkaart	une carte bancaire	uun kart bākèèr
een bankrekening	un compte bancaire	ū kõt bākèèr
een briefje	un billet	ū biejè
cash, contant geld	des espèces	dèz èspès
een cheque	un chèque	ū sjèk
een chequeboekje	un carnet de chèques	ū karnè de sjèk
een geldautomaat	un distributeur automatique	ū diestriebuutër ootomatiek
een kredietkaart	une carte de crédit	uun kart de kreedie
reischeques	des chèques de voyage	dè sjèk de vwajaazj
(munt)stukken	des pièces	dè pjès

Ik zou willen ...	J'aimerais ...	zjèmerè
... een cheque innen.	... encaisser un chèque.	ākèsee ū sjèk
... een overschrijving doen.	... effectuer un virement.	eefèktuuee ū viermā
... geld opnemen.	... retirer de l'argent.	retieree de larzjā

Met het vliegtuig

Ik zou een ticket naar Parijs willen.
J'aimerais un billet pour Paris.
zjèmerè ū biejè poer parie

Hoe laat vertrekt het vliegtuig?
À quelle heure l'avion part-il ?
a kèl ër lavjõ paart iel

Waar is terminal 3?
Où se trouve le terminal 3 ?
oe se troev le tèrmienal trwa

Ik heb het vliegtuig gemist.
J'ai raté l'avion.
zjee ratee lavjõ

autoverhuur	**location de voiture**	lokasiõ de vwatuur
bagagelevering	**livraison des bagages**	lievrèzõ dè baGaazj
check-in	**enregistrement**	ãrezjiestremã
gate	**une porte**	uun port
handbagage	**bagage(s) à main**	baGaazj a mē
reis heen en terug, retour/ enkele reis	**un aller retour/ un aller simple**	ũn alee retoer/ ũn alee sēpl
instapkaart	**une carte d'embarquement**	uun kart dãbarkemã
instappen	**embarquer**	ãbarkee
karretje	**un chariot**	ũ sjarjoo
landen	**atterrir**	ateerier
luchthaven	**un aéroport**	ũn aeeropor
op tijd	**à l'heure**	a lër
opstijgen	**décoller**	deekolee
passagier	**un passager**	ũ pasazjee
shuttle	**une navette**	uun navèt
een tussenlanding maken	**faire escale**	fèèr èskal
verbinding	**une correspondance**	uun korèspõdãs
vertraagd	**en retard**	ã retaar
vliegtuigmaatschappij	**une compagnie aérienne**	uun kõpanjie aeerjèn

| vliegtuigticket | **un billet d'avion** | ū biejè davjō |
| vlucht | **un vol** | ū vol |

Met de bus en de trein

Veel Franse steden zijn met elkaar verbonden via hogesnelheidstreinen. Voor u in de trein stapt, moet u uw ticket afstempelen (**composter**) in een toestel op het perron (hoeft niet met een print van uw Internetticket).

Weet dat **un car** *[kaar]* *een bus voor lange afstanden* is en **un bus** *[buus]** *een stadsbus.*

* let er op dat *[uu]* = uu in 'duw', 'menu', soms als in 'puur' !

Waar is het station/busstation?
Où se trouve la gare/la gare routière ?
oe se troev la Gaar/la Gaar roetjèèr

Hoe laat vertrekt de volgende/laatste trein/bus naar …?
À quelle heure part le prochain/dernier train/car pour … ?
a kèl ër paar le prosjē/dèrnjee trē/kaar poer

Hoelang duurt de rit?
Combien de temps dure le trajet ?
kōbjē de tā duur le trazjè

Hoeveel kost een kaartje naar …?
Combien coûte un billet pour … ?
kōbjē koet ū biejè poer

Vanop welk perron vertrekt de trein?
Le train part de quel quai ?
le trẽ paar de kèl kè

Hoe laat komt de trein aan?
À quelle heure arrive le train ?
a kèl ër ariev le trẽ

aankomsttijden	**arrivées**	*arievee*
bagage/koffer	**les bagages/une valise**	*lè baGaazj/uun valiez*
bagagedepot	**la consigne**	*la kõsienj*
dienstregeling	**un horaire**	*ũn orèèr*
een kaartje afstempelen	**composter un billet**	*kõpostee ũ biejè*
eerste/tweede klas	**première/deuxième classe**	*premjèèr/deuzièm klas*
geldig	**valable**	*valaabl*
loket	**le guichet**	*le Giesjè*
metro	**le métro**	*le meetroo*
plaats	**une place**	*uun plas*
verbinding	**une correspondance**	*uun korèspõdãs*
verloren voorwerpenkantoor	**le bureau des objets trouvés**	*le buuroo dèz objè troevee*
vertrektijden	**départs**	*deepaar*

Ik had graag ...	**Je voudrais ...**	*zje voedrè*
... een reis heen en terug/retour naar ...	**... un aller-retour pour ...**	*ũn alee retoer poer*
... een enkele reis naar ...	**... un aller simple pour ...**	*ũn alee sẽpl poer*

Met de boot

Er zijn bootverbindingen naar de Atlantische Oceaan en de Middellandse Zee. Natuurlijk kunt u ook minder lange boottochten maken op rivieren of langs de kust. Hopelijk hebt u onderstaande zin niet nodig als u het sop kiest, maar voor het geval dat…

Ik voel me niet goed. Ik ben zeeziek.
Je ne me sens pas bien. J'ai le mal de mer.
zje ne me sã pa bjë zjee le mal de mèèr

aak	**une péniche**	uun peeniesj
cabine	**une cabine**	uun kabien
cruise	**une croisière**	uun krwazièèr
inschepen	**embarquer**	ãbarkee
loopbrug	**une passerelle**	uun pasrèl
passagiersschip	**un paquebot**	ū pakboo
ontschepen	**débarquer**	deebarkee
reddingsvest	**un gilet de sauvetage**	ū zjielè de soovtaazj
schip	**un navire**	ū navier
zeilboot	**un voilier**	ū vwaljee

Met de taxi

Franse taxi's zijn niet herkenbaar aan een bepaalde kleur, maar wel aan het lichtbakje op hun dak. Op veel plaatsen worden ze alleen geregeld vanuit **stations de taxis**; ze op straat aanroepen kunt u dus enkel in grote steden. De rit wordt berekend per kilometer en de prijs is afhankelijk van het tijdstip.

Waar gaat u/gaan jullie naartoe?
Où allez-vous ?
oe alee voe

Ik ga naar …
Je vais à …
zje vè a

Kunt u ons naar … brengen?
Pouvez-vous nous conduire à … ?
poevee voe noe kõdwier a

U kunt me hier afzetten, dank u.
Vous pouvez me laisser ici, merci.
voe poevee me lèsee iesie mèrsie

Hoeveel ben ik u schuldig?
Je vous dois combien ?
zje voe dwa kõbjõ

prijs	**le prix**	*le prie*
teller	**le compteur**	*le kõtër*
verder	**plus loin**	*pluu lwê*
vrij	**libre**	*liebre*
wisselgeld	**la monnaie**	*la monè*
Wacht u hier, alstublieft.	**Attendez ici, s'il vous plaît.**	*atãdee iesie siel voe plè*

Met de fiets

De **Tour de France** is de meest zichtbare fietshappening in Frankrijk, maar u kunt er ook voor minder zware etappes de fiets nemen! Veel steden bieden tegenwoordig een goedkoop self-service fietsverhuursysteem aan waarbij u per uur of per dag een fiets kunt huren vanaf een fietspunt op straat. Doorgaans kunt u hem na uw ritje bij een ander fietspunt inleveren.

Ik zou een fiets willen huren, alstublieft.
J'aimerais louer un vélo, s'il vous plaît.
zjèmerè loe-ee ū veeloo siel voe plè

Dient er een waarborg gestort te worden?
Faut-il verser une caution ?
foot iel vèrsee uun koosiō

Hoeveel kost het per uur/dag/week?
C'est combien par heure/jour/semaine ?
sè kōbjē par ër/zjoer/semèèn

diefstalbeveiliging	un antivol	ūn ātievol
fietsen	faire du vélo	fèèr duu veeloo
helm	un casque	ū kask
kinderzitje	un siège enfant	ū sièèzj āfā
koersfiets	un vélo de course	ū veelo de koers
mountainbike	un V.T.T.	ū vee tee tee
pomp	une pompe	uun pōp

Met de auto

Frankrijk beschikt over een wegennet met **autoroutes** - *autosnelwegen* (aangeduid met de letter **A**), kleinere **routes nationales** - *tolvrije hoofdwegen* (aangeduid met **N** of **RN**) en **départementales** - *secundaire wegen* (aangeduid met **D**).
Op autosnelwegen wordt aan tolpoorten tol geheven (**péages**)

die u cash kunt betalen, maar ook met de meeste kredietkaarten. Waar u moet aanschuiven hang af van hoe u wenst te betalen; de met **T** aangeduide strook is voorbehouden voor een speciaal automatisch betaalsysteem.

Ik heb autopech gekregen.
Ma voiture est tombée en panne.
ma vwatuur è tõbee ã pan

Kunt u de motor afzetten?
Pouvez-vous couper le moteur ?
poevee voe koepee le motër

De motor wil niet starten.
Le moteur ne veut pas démarrer.
le motër ne veu pa deemaree

Ik ben zonder benzine gevallen, sta zonder benzine.
Je suis tombé(e) en panne d'essence.
zje swie tõbee ã pan dèsãs

autopech krijgen	**tomber en panne**	tõbee ã pan
benzine	**essence**	èsãs
besturen, rijden	**conduire**	kõdwier
bestuurder/bestuurster	**un conducteur/ une conductrice**	ũ kõduuktër/ uun kõduuktries
boete	**une contravention**	uun kõtravãsiõ
diesel	**diésel/gasoil**	djeezèl/Gazwal
kaart	**une carte**	uun kart
lekke band	**un pneu crevé**	ũ pneu krevee

parkeren	garer/se garer	Garee/se Garee
parking	un parking	ũ parkieng*
rijbewijs	un permis de conduire	ũ pèrmi de kõdwier
snelheid	la vitesse	la vietès
tol	un péage	ũ peeaazj
verkeerslichten	les feux (de signalisation)	lè feu (de sienjaliezasiõ)
verkeersopstopping	un embouteillage/ un bouchon	ũn ãboetèjaazj/ ũ boesjõ
voetganger	un piéton	ũ pjeetõ

* let er steeds op: *[ie]* is als in 'kilo', 'kies'; beklemtoond evt. langer!

Kunt u ... nakijken?	Pouvez-vous vérifier...	poevee voe veeriefjee
... de batterij, accu	... la batterie ?	la batrie
... de remmen	... les freins ?	lè frẽ
... het oliepeil	... le niveau d'huile ?	le nievoo dwiel
... de banden	... les pneus ?	lè pneu
... het waterniveau	... le niveau d'eau ?	le nievoo doo

Ik heb een ongeval gehad.	J'ai eu un accident.	zjee uu ũn aksiedã

Een paar auto-onderdelen:

koffer	le coffre	le kofr
koplampen	les phares	lè faar
koppeling	l'embrayage	lãbrèjaazj
reservewiel	une roue de secours	uun roe de sekoer
ruitenwissers	les essuie-glaces	lèz èswie Glas
snelheid	une vitesse	uun vietès

versnellingsbak	**une boîte de vitesses**	*uun bwat de vietès*
veiligheidsgordel	**une ceinture de sécurité**	*uun sētuur de seekuurietee*
voorruit	**un pare-brise**	*ū paar briez*
wielen	**les roues**	*lè roe*

Een auto huren

Ik zou een auto willen huren voor een week.
J'aimerais louer une voiture pour une semaine.
zjèmerè loe-ee uun vwatuur poer uun semeèn

Waar kan ik de auto ophalen?
Où puis-je prendre la voiture ?
oe pwiezj prādre la vwatuur

Zou het mogelijk zijn om hier een auto te huren en hem in te leveren in …?
Serait-il possible de louer une voiture ici et la rendre à … ?
serèt iel posieble de loe-ee uun vwatuur iesie ee la rādre a

Wat is het tarief?
Quel est le tarif ?
kèl è le tarief

automaat	**une voiture automatique**	*uun vwatuur ootomatiek*
autoverhuur	**une location de voiture**	*uun lokasiõ de vwatuur*
brandstof	**le carburant**	*le karbuurā*
kinderzitje	**un siège auto enfant**	*ū sièèzj ootoo āfā*
verzekering	**l'assurance**	*lasuurās*

Een paar belangrijke verkeersborden

Andere richtingen	**Autres directions**	ootre dierèksiõ
Betaalparking	**Parking payant**	parkieng pèjã
Bushalte	**Arrêt de bus**	arè de buus
Eenrichtingsverkeer	**Sens unique**	sãs uuniek
Gratis parking	**Parking gratuit**	parkieng Gratwie
Ingang	**Entrée**	ãtree
Let op wegwerkzaamheden	**Attention travaux**	atãsiõ travoo
Lichten aan	**Allumez vos feux**	aluumee vo feu
Omleiding	**Déviation**	deevjasiõ
Snelheid minderen	**Ralentissez**	ralãtiesee
Stadscentrum	**Centre ville**	sãtr viel
Uitgang	**Sortie**	sortie
Verboden in te rijden	**Sens interdit**	sãs ētèrdie
Verboden te parkeren	**Stationnement interdit**	stasionmã ētèrdie
Voorrang verlenen	**Cédez le passage**	seedee le pasaazj
Wegversperring	**Route barrée**	roet baree

⁊ In de stad

De weg vinden

Excuseert u me, hoe ga ik naar het stadscentrum?
Excusez-moi, comment puis-je aller au centre ville ?
èkskuuzee mwa komã pwiezj alee oo sãtre viel

Waar is het dichtstbijzijnde postkantoor, alstublieft?
Où est la poste la plus proche, s'il vous plaît ?
oe è la post la pluu prosj siel voe plè

Is het ver van hier?
C'est loin d'ici ?
sè lwē diesie

aan de rotonde	**au rond-point**	*oo rõ pwē*
aan het kruispunt	**au carrefour**	*oo karfoer*
achter	**derrière**	*dèrjèèr*
beneden	**en bas**	*ã ba*
boven	**en haut**	*ã oo*
dichtbij	**près (de)**	*prè (de)*
links	**à gauche**	*a Goosj*
na	**après**	*aprè*
naast	**à côté de**	*a kotee de*
op de hoek van de straat	**au coin de la rue**	*oo kwē de la ruu*
rechts	**à droite**	*a drwat*
tegenover	**en face de**	*ã fas de*
ver	**loin**	*lwē*
voor	**devant**	*devã*
voor(kant)	**avant**	*avã*
Ga rechtdoor.	**Continuez tout droit.**	*kõtienuuee toe drwa*
Ga tot aan de lichten.	**Allez jusqu'aux feux.**	*alee zjuuskoo feu*
Neem de eerste/tweede links.	**Prenez la première/ deuxième à gauche.**	*prenee la premjèèr/ deuzièm a Goosj*
Sla rechtsaf.	**Tournez à droite.**	*toernee a drwat*
Steek de straat over.	**Traversez la rue.**	*travèrsee la ruu*

Met het openbaar vervoer

In Parijs is het openbaar vervoer goed geregeld: er is de **metro** en de **RER**, een spoornet dat de voorsteden aandoet. Andere steden hebben eveneens een metro- of tramsysteem, en soms is er een bus. Informeer naar reispassen of koop een **carnet** - *boekje met tickets*, wat vaak goedkoper uitkomt.

Waar is het dichtstbijzijnde metrostation?
Où se trouve la station de métro la plus proche ?
oe se troev la stasiõ de meetroo la pluu prosj

Welke lijn moet ik nemen om naar... / de/het ... te gaan?
Quelle ligne dois-je prendre pour aller à/au ... ?
kèl lienje dwaazj prãdre poer alee a/oo

Waar moet ik uitstappen voor ... ?
Où dois-je descendre pour ... ?
oe dwaazj dèsãdre poer

bus	**un bus**	ũ buus
halte	**un arrêt**	ũn arè
kaartje/ticket	**un billet/un ticket**	ũ biejè/ũ tiekè
loket	**un guichet**	ũ Giesjè
perron	**un quai**	ũ ké
verbinding	**une correspondance**	uun korèspõdãs

Naar het museum

In Frankrijk staat een van de meest bezochte musea in de wereld, het **Musée du Louvre**, met 8,5 miljoen bezoekers per jaar, maar ook veel andere musea tonen interessante permanente collecties en tijdelijke tentoonstellingen. Audiogidsen of rondleidingen zijn doorgaans beschikbaar in het Frans, Engels en Duits.

Ik zou twee kaartjes willen.
Je voudrais deux billets.
zje voedrè deu biejè

Mag ik foto's nemen?
Puis-je prendre des photos ?
pwiezj prãdre dè footoo

Is er een korting voor ... ?
Il y a une réduction pour ... ?
iel ieja uun reeduuksiõ poer

in de rij staan	**faire la queue**	fèèr la keu
kind/kinderen	**un enfant/des enfants**	ũn ãfã/dèz ãfã
mindervalide	**une personne handicapée**	uun pèrson ãdiekapee
museum	**un musée**	ũ muuzee
schilderij	**un tableau/une toile**	ũ tabloo/uun twal
senior	**une personne âgée**	uun pèrson aazjee
student/-e	**un/une étudiant(e)**	ũn eetuudjã/uun eetuudjãt
tentoonstelling	**une exposition**	uun èkspooziesiõ
volwassene	**un adulte**	ũn aduult

Bezienswaardigheden

Naast de musea voor beeldende kunst lonen in Frankrijk nog zo veel plaatsen de moeite om te bezoeken. Meer info vindt u in het plaatselijke **Office de Tourisme** - *toerisme- of VVV-kantoor*.

Waar is ...	Où se trouve ... ?	oe se troev
... de abdij?	... l'abbaye ?	labee-ie
... het aquarium?	... l'aquarium ?	lakwarjom
... het attractiepark?	... le parc d'attractions ?	le park datraksiõ
... de bibliotheek?	... la bibliothèque ?	la bieblieotèk
... de botanische tuin?	... le jardin botanique ?	le zjardē botaniek
... de haven?	... le port ?	le por
... het hoofdplein?	... la place principale ?	la plas prēsiepal
... het huis van ...?	... la maison de ... ?	la mèzõ de
... het kasteel?	... le château ?	le sjatoo
... de kathedraal?	... la cathédrale ?	la kateedral
... de kerk?	... l'église ?	leeGliez
... het kerkhof?	... le cimetière ?	le siemtjèèr
... het klooster?	... le monastère ?	le monastèèr
... de kunstgalerie?	... la galerie d'art ?	la Galerie daar
... de markt?	... le marché ?	le marsjee
... het stadhuis?	... la mairie ?	la meerie
... de tuin/het park?	... le jardin/parc ?	le zjardē/park
... het wijndomein?	... le domaine viticole ?	le doomèèn vietiekol
... de zoo, dierentuin?	... le zoo ?	le zoo

In het postkantoor

De Franse postdienst heet **La Poste**. Haar brievenbussen zijn geel van kleur. Voor postzegels kunt u vaak terecht in **tabacs** - *tabakswinkels*.

Ik zou deze brief/dit pak naar de Verenigde Staten willen versturen.
J'aimerais envoyer cette lettre/ce colis aux États-Unis.
zjèmerè ãvwajee sèt lètr/se kolie ooz eetaz uunie

Ik heb een postzegel nodig voor …
J'ai besoin d'un timbre pour …
zjee bezwē dū tēbre poer

aangetekend	en recommandé	ã rekomãdee
adres	une adresse	uun adrès
boekje met postzegels	un carnet de timbres	ū karnè de tēbr
brievenbus	une boîte aux lettres	uun bwat oo lètr
envelop	une enveloppe	uun ãvelop
ontvangen	recevoir	resevwaar
post, briefwisseling	le courrier	le koerjee
postkaart, briefkaart	une carte postale	uun kart postal
postkantoor	la poste	la post
wegen	peser	pezee

Telefoneren

Om te telefoneren in een publieke telefooncel beschikt u best over een **carte téléphonique** - *telefoonkaart,* daar er nog weinig met muntstukjes werken. Franse telefoonnummers bestaan uit tien cijfers, neergeschreven in vijf paar en beginnen met 0 voor oproepen binnen Frankrijk.

Goeienavond. Zou ik meneer Dupont kunnen spreken?
Bonsoir. Pourrais-je parler à M. Dupont ?
bõswaar poerèèzj parlee a mes-jeu duupõ

Wie mag ik aanmelden?
De la part de qui ?
de la paar de kie

De lijn is bezet.
La ligne est occupée.
la lienj èt okuupee

Zou ik een boodschap kunnen nalaten?
Pourrais-je laisser un message ?
poerèèzj lèsee ũ mèsaazj

Excuseert u mij. Ik heb een verkeerd nummer gekozen.
Excusez-moi. J'ai fait un mauvais numéro.
èkskuuzee mwa zjee fè ũ movè nuumeeroo

cijfer	**un chiffre**	ũ sjiefr
drukken	**appuyer**	apwiejee
Hallo?	**Allô ?**	aloo
hekje	**la touche dièse**	la toesj djèèz
inlichtingen	**les renseignements**	lè rāsènjemā
intoetsen	**composer**	kõpoozee
mobiel, gsm	**un portable**	ũ portaabl
sterretje	**la touche étoile**	la toesj eetwal
telefooncel	**une cabine téléphonique**	uun kabien teeleefoniek
toets	**la touche**	la toesj

Internet

In veel zaken kunt u gebruik maken van draadloze netwerken (**wi-fi** *[wie-fie]*). Vraag naar het pas- of wachtwoord voor een Internetverbinding. Denk eraan dat Franse toetsenborden AZERTY en niet QWERTY zijn en dus sommige toetsen niet staan waar u ze verwachtte – controleer wat u typt!

Zou u me de naam van het netwerk en het pas-/wachtwoord kunnen geven?
Pourriez-vous me donner le nom du réseau et le mot de passe ?
poerjee voe me donee le nõ duu reezoo ee le moo de pas

Hebt u kamers met Internettoegang?
Avez-vous des chambres avec accès Internet ?
avee voe dè sjãbr avèk aksè ētèrnèt

Ik krijg geen Internetverbinding.
Je n'arrive pas à me connecter à Internet.
zje nariev pa a me konèktee a ētèrnèt

Ik moet ...	J'ai besoin ...	zjee bezwē
... een bestand meesturen/downloaden.	... de joindre/ télécharger un fichier.	de zjwēdr/ teeleesjarzjee ũ fiesjiee
... een document printen.	... d'imprimer un document.	dēpriemee ũ dokuumã
... een e-mail verzenden.	... d'envoyer un email.	dãvwajee ũn iemèl
... Internet gebruiken.	... d'utiliser Internet.	duutieliezee ētèrnèt
... mijn e-mails checken.	... de consulter mes emails.	de kõsuultee mèz iemèl

computer	**un ordinateur**	ün ordienatër
muis	**une souris**	uun soerie
scherm	**l'écran**	leekrã
toetsenbord	**un clavier**	ü klavjee
USB-stick	**une clé USB**	uun klee uu ès bee

Diefstal of verlies aangeven

Om een diefstal aan te geven, gaat u naar het dichtstbijzijnde politiebureau (**commissariat** of **gendarmerie**). **Policiers** worden geleid door het Ministerie van Binnenlandse Zaken, **gendarmes** maken deel uit van het leger. Bij een misdaad kunnen ze u allebei helpen.

Ik heb ... verloren.	**J'ai perdu ...**	zjee pèrduu
Iemand stal ...	**On m'a volé ...**	õ ma volee
... mijn auto.	... ma voiture.	ma vwatuur
... mijn fototoestel.	... mon appareil photo.	mõ aparèj footoo
... mijn handtas.	... mon sac à main.	mõ sak a mẽ
... mijn geld.	... mon argent.	mõn arzjã
... mijn kredietkaart.	... ma carte de crédit.	ma kart de kreedie
... mijn mobiel/gsm.	... mon téléphone portable.	mõ teeleefon portaabl
... mijn paspoort.	... mon passeport.	mõ paspor
... mijn portefeuille.	... mon portefeuille.	mõ portefèj
... mijn reischeques.	... mes chèques de voyage.	mè sjèk de vwajaazj
... mijn sleutels.	... mes clés.	mè klee
... mijn tas.	... mon sac.	mõ sak

Naar de bioscoop, het theater, een concert,...

Welke films draaien ze op dit moment?
Quels films y a-t-il en ce moment ?
kèl fielm iejatiel ã se momã

Ik had graag twee tickets voor ..., alstublieft.
J'aimerais deux billets pour ..., s'il vous plaît.
zjèmerè deu biejè poer siel voe plè

Wat spelen ze in het theater volgende zaterdag?
Qu'est-ce qu'on joue au théâtre samedi prochain ?
kèskõ zjoe oo teeaatre samdie prosjẽ

Hoe laat begint de voorstelling?
À quelle heure commence le spectacle ?
a kèl ër komãs le spèktakle

Bij de kapper

Mocht u plotseling zin krijgen in een bezoek aan de *kapper* - **coiffeur**, dan kunnen de volgende zinnen en woorden nuttig zijn om te verwoorden wat u precies wilt:

Ik zou een afspraak willen maken voor dinsdagmorgen.
J'aimerais prendre rendez-vous pour mardi matin.
zjèmerè prãdre rãdee voe poer mardie matẽ

Ik zou een snit en een brushing willen.
J'aimerais une coupe et un brushing.
zjèmerè uun koep ee ũ brèsjieng

blond haar	**les cheveux blonds**	*lè sjeveu blõ*
bruin haar	**les cheveux bruns**	*lè sjeveu brũ*
donker	**foncé(s)**	*fõsee*
gekleurd	**colorés/teints**	*koloree/tẽ*
gekruld	**bouclé(s)**	*boeklee*
highlights	**des mèches**	*dè mèsj*
kleur	**une couleur**	*uun koelër*
kort	**court(s)**	*koer*
lang	**long(s)**	*lõ*
licht	**clair(s)**	*klèèr*
met laagjes	**en dégradé**	*ã deeGradee*
ontkrullen, ontkroezen	**lisser**	*liesee*
opgestoken haar	**un chignon**	*ũ sjienjõ*
permanent	**une permanente**	*uun pèrmanãt*
pony	**une frange**	*uun frãzj*
rood haar	**des cheveux roux**	*dè sjeveu roe*
shampoo	**un shampooing**	*ũ sjãpwẽ*
snit	**une coupe**	*uun koep*

↗ **Outdooractiviteiten**

Of u nu naar Frankrijk reist om te skiën in de Alpen of in de Pyreneeën, te kayakken in de Auvergne, te surfen in de Atlantische Oceaan, de mythische GR20-trektocht af te leggen in Corsica of te zonnen op de stranden van de Azurenkust...

Sporten

bergbeklimmen	l'alpinisme	lalpieniesm
duiken	la plongée	la plõzjee
fietsen	le cyclisme	le siekliesm
golf	le golf	le Golf
kanoën/kajakken	faire du canoë/kayak	fèèr duu kanooee/kajak
klimmen	l'escalade	lèskalaad
(hard)lopen	courir	koerier
skiën	faire du ski	fèèr duu skie
surfen	faire du surf	fèèr duu sërf
tennis	le tennis	le tènies
trekken	faire de la randonnée	fèèr de la rãdonee
vissen	la pêche	la pèsj
voetbal	le foot/football	le foet/foetbool
waterski	le ski nautique	le skie nootiek
windsurfen	la planche à voile	la plãsj a vwal
zwemmen	la natation	la natasiõ

Naar het zwembad of het strand

Waar is het dichtstbijzijnde zwembad?
Où se trouve la piscine la plus proche ?
oe se troev la piesien la pluu prosj

Hoeveel kost een toegang?
Combien coûte l'entrée ?
kõbjẽ koet lãtree

In welke richting is het strand?
Dans quelle direction se trouve la plage ?
dã kèl dierèksiõ se troev la plaazj

badmeester/redder	le maître nageur/ le sauveteur	le mèètr nazjèr/ le soovetèr
badpak	un maillot de bain	ũ majoo de bẽ
bewaakt strand	une plage surveillée	uun plaazj suurvèjee
bruin worden	bronzer	brõzee
golf	une vague	uun vaaG
handdoek	une serviette	uun sèrvjèt
overdekt zwembad	une piscine couverte	uun piesien koevèrt
parasol	un parasol	ũ parasol
strand	la plage	la plaazj
verboden te duiken	interdiction de plonger	ëtèrdieksiõ de plõzjee
zand	le sable	le saabl
zonnebril	les lunettes de soleil	lè luunèt de solèj
zonnecrème	la crème solaire	la krèèm solèèr
zwemmen	nager	nazjee

Kamperen

Le camping *[le kãpieng]* is heel populair in Frankrijk. Kampeer- en caravanterreinen gebruiken een ratingsysteem van één tot vijf sterren, afhankelijk van de geboden accomodatie. Op sommige kunt u uw tent opzetten, andere verhuren bungalows en beschikken over een zwembad, speelplein, restaurant, enz. Denk eraan voor het piekseizoen juli–augustus lang op voorhand te boeken! Wildkamperen (kamperen buiten de toegestane zones) is illegaal in Frankrijk.

Hebt u een plaats vrij?
Avez-vous un emplacement disponible ?
avee voe ūn āplasmā diesponiebl

Wat is de prijs ...	Quel est le prix ...	kèl è le prie
... per dag/week?	... par jour/semaine ?	par zjoer/semèèn
... voor een auto?	... pour une voiture ?	poer uun vwatuur
... voor een bungalow?	... pour un bungalow ?	poer ū būGaloo
... voor een camper?	... pour un camping-car ?	poer ū kāpieng kaar
... voor een caravan?	... pour une caravane ?	poer uun karavan
... voor een tent?	... pour une tente ?	poer uun tāt

Heeft de camping ...	Est-ce que le camping a ...	èske le kāpieng a
... een parking?	... un parking ?	ū parkieng
... een supermarkt?	... un supermarché ?	ū suupèrmarsjee
... een wassalon?	... une laverie ?	uun laverie
... een zwembad?	... une piscine ?	uun piesien

antimuggenmiddel	de l'antimoustique	de lātiemoestiek
blikopener	un ouvre boîte	ūn oevre bwat
EHBO-kit	une trousse de premiers secours	uun troes de premjee sekoer
flesopener	un ouvre-bouteille	ūn oevre boetèj
kookpan	une casserole	uun kasrol
kurkentrekker	un tire-bouchon	ū tier boesjõ
lucifers	des allumettes	dèz aluumèt
servetten, handdoeken	des serviettes	dè sèrvjèt
slaapzak	un sac de couchage	ū sak de koesjaazj

CONVERSATIE

| toiletpapier | **le papier toilette** | le papjee twalèt |
| zaklamp | **une lampe de poche** | uun lãp de posj |

Wildkamperen is verboden.
Le camping sauvage est interdit.
le kãpieng soovaazj èt ēterdie

Bomen en planten

Om de hele flora op te sommen, is dit gidsje te beknopt, maar dit zijn de meest voorkomende bomen en planten in Franse contreien:

berk	**un bouleau**	ũ boeloo
beuk	**un hêtre**	ũ èètr
brem	**le genêt**	le zjenè
ceder	**un cèdre**	ũ sèdr
den	**un pin**	ũ pẽ
eik	**un chêne**	ũ sjèèn
gaspeldoorns	**des ajoncs**	dèz azjõ
heide	**la bruyère**	la brwiejèèr
kastanjeboom	**un marronnier**	ũ maronjee
laurier	**le laurier**	le loorjee
olijfboom	**un olivier**	ũn olievjee
plataan	**un platane**	ũ platan
populier	**un peuplier**	ũ pëpliee
spar	**un épicéa**	ũn eepieseea
treurwilg	**un saule**	ũ sool
varens	**des fougères**	dè foezjèèr
zilverspar	**un sapin**	ũ sapẽ

Dieren

De beste plek om wilde dieren te spotten in Frankrijk is in een van de vele nationale parken of natuurreservaten, al kunnen minder ongewone soorten opduiken terwijl u gewoon door het landschap dwaalt.

arend	**un aigle**	ũn èèGl
beer	**un ours**	ũn oers
bever	**un castor**	ũ kastor
buizerd	**une buse**	uun buuz
das	**un blaireau**	ũ blèroo
eekhoorn	**un écureuil**	ũn eekuurëj
eend	**un canard**	ũ kanaar
everzwijn	**un sanglier**	ũ sāGliee
flamingo	**un flamant (rose)**	ũ flamā (rooz)
forel	**une truite**	uun trwiet
gans	**une oie**	uun wa
haas	**un lièvre**	ũ ljèèvr
hinde/hert	**une biche/un cerf**	uun biesj/ũ sèèr
kikker	**une grenouille**	uun Grenoej
meeuw	**une mouette**	uun moeèt
mus	**un moineau**	ũ mwanoo
reiger	**un héron**	ũ eerõ
roodborstje	**un rouge-gorge**	ũ roezj Gorzj
slang	**un serpent**	ũ sèrpā
uil	**un hibou**	ũ ieboe
valk	**un faucon**	ũ fookõ
vos	**un renard**	ũ renaar

Insecten en allergieën

Ik heb een tegengif nodig voor adderbeten.
J'ai besoin d'un antidote contre les morsures de vipère.
zjee bezwę dūn ātiedot kötr lè morsuur de viepèèr

Ik ben allergisch voor wespensteken!
Je suis allergique aux piqûres de guêpes !
zje swiez alèrzjiek oo piekuur de Gèèp

Ik zou een middel tegen muggen willen, alstublieft.
J'aimerais de l'antimoustique, s'il vous plaît.
zjèmerè de lātiemoestiek siel voe plè

bij	une abeille	uun abèj
horzel	un frelon	ū frelō
kakkerlak	un cafard	ū kafaar
rups	une chenille	uun sjeniej
schorpioen	un scorpion	ū skorpjō
spin	une araignée	uun arènjee
teek	une tique	uun tiek
vlieg	une mouche	uun moesj

Symptomen en behandeling

allergische reactie	une réaction allergique	uun reeaksiō alèrzjiek
antihistaminicum	un antihistaminique	ūn ātie-iestamieniek
beet	une morsure	uun morsuur
gif	le venin	le venē

hooikoorts	**le rhume des foins**	*le ruum dè fwẽ*
ontstekingwerend middel	**un anti-inflammatoire**	*ũn ãtie ẽflamatwaar*
steek	**une piqûre**	*uun piekuur*
vaccin	**un vaccin**	*ũ vaksẽ*
zwellen	**enfler**	*ãflee*

↗ Overnachten

Een kamer reserveren

Hoeveel kost een tweepersoonskamer?
Combien coûte une chambre double ?
kõbjẽ koet uun sjãbr doebl

Is het ontbijt inbegrepen?
Le petit déjeuner est-il compris ?
le petie deezjënee èt iel kõprie

Ik zou een kamer willen boeken ...	Je voudrais réserver une chambre ...	*zje voedrè reezèrvee uun sjãbr*
... met twee bedden.	... avec deux lits.	*avèk deu lie*
... voor één persoon.	... simple.	*sẽple*
... voor één nacht.	... pour une nuit.	*poer uun nwie*

Is er ... in de kamer?	Est-ce qu'il y a ... dans la chambre ?	*èskielja ... dã la sjãbr*
airco	la climatisation	*la kliematiezasiõ*
een bad	une baignoire	*uun bènjwaar*
een balkon	un balcon	*ũ balkõ*

kabel	**le câble**	le kaabl
een koelkast	**un frigo**	ū frieGoo
een safe	**un coffre-fort**	ū kofre for
een televisie	**une télévision**	uun teeleeviezjõ
een tweepersoonsbed	**un lit double**	ū lie doebl

boeking, reservering	**une réservation**	uun reezèrvasiõ
gastenkamer, bed & breakfast	**une chambre d'hôte**	uun sjābre doot
gemeubileerd appartement	**un appartement meublé**	ūn apartemā mëblee
hotel	**un hôtel**	ūn ootèl
jeugdherberg	**une auberge de jeunesse**	uun ooberzj de zjënès
niet-rokerskamer	**une chambre non fumeur**	uun sjābr nõ fuumër
rokerskamer	**une chambre fumeur**	uun sjābr fuumër
vakantiehuis	**un gîte**	ū zjiet

Aan de receptie

Hebt u een kamer vrij?
Avez-vous une chambre disponible ?
avee voe uun sjābr diesponiebl

Voor hoeveel nachten/personen?
Pour combien de nuits/personnes ?
poer kõbjē de nwie/pèrson

Ik heb een kamer geboekt op naam van ...
J'ai réservé une chambre au nom de ...
zjee reezèrvee uun sjābr oo nõ de

Ik zou een kamer met zeezicht willen.
J'aimerais une chambre avec vue sur la mer.
zjèmerè uun sjābr avèk vuu suur la mèèr

Kunt u ons morgen wekken om 7 uur?
Pouvez-vous nous réveiller demain à 7 heures ?
poevee voe noe reevèjee demē a sèt ēr

Hoe laat moeten we de kamer verlaten?
À quelle heure devons-nous quitter/libérer la chambre ?
a kèl ēr devō noe kietee/liebeeree la sjābr

Is er ...	Y a-t-il ... ?	iejatiel
... een bar?	... un bar ?	ū baar
... een gymzaal?	... une salle de gym ?	uun sal de zjiem
... een parking?	... un parking ?	ū parkieng
... een restaurant?	... un restaurant ?	ū rèstoorā
... roomservice?	... un service en chambre ?	ū sèrvies ā sjābr
... een stomerijdienst?	... un service de pressing ?	ū sèrvies de prèsieng
... een wifi-verbinding?	... une connexion wi-fi ?	uun konèksiō wie fie
... een zwembad?	... une piscine ?	uun piesien

Ontbijten

In Frankrijk bestaat **le petit déjeuner** - *het ontbijt* meestal uit **tartines** (boterhammen, met boter en/of jam), **croissants** of **pains au chocolat** (boter- of ontbijtkoek met chocolade) met koffie, thee of warme chocolademelk. Sommige hotels bieden een ruimer assortiment voor hun internationale gasten.
Hoe laat is het ontbijt?

À quelle heure est le petit déjeuner ?

a kèl ër è le petie deezjënee

Ik had graag ...	J'aimerais ...	zjèmerè
... een appel-/sinaasappelsap.	... un jus de pomme/d'orange.	ū zjuu de pom/dorāzj
... een bord.	... une assiette.	uun asièt
... een deca(feïne).	... un déca.	ū deeka
... een gekookt ei.	... un œuf à la coque.	ūn ëf a la kok
... een gepocheerd ei.	... un œuf poché.	ūn ëf posjee
... een glas.	... un verre.	ū vèèr
... een koffie (met melk).	... un café (au lait).	ū kafee (oo lè)
... een kopje.	... une tasse.	uun tas
... een lepel.	... une cuillère.	uun kwiejèèr
... een mes.	... un couteau.	ū koetoo
... ontbijtgranen.	... des céréales.	dè seereeal
... roereieren.	... des œufs brouillés.	dèz eu broejee
... suiker.	... du sucre.	duu suukr
... een thee (met melk).	... un thé (au lait).	ū tee (oo lè)
... een vork.	... une fourchette.	uun foersjèt
... een warme chocolademelk.	... un chocolat chaud.	ū sjokola sjoo
... zout en peper.	... du sel et du poivre.	duu sèl ee duu pwaavr

Koffie is niet zomaar koffie...

cappuccino	**un capuccino**	*ū kapoetsjienoo*
deca(feïne)	**un déca**	*ū deeka*
espresso (lett. koffie)	**un café**	*ū kafee*
aangelengde espresso	**un café allongé**	*ū kafee alõzjee*
dubbele espresso + veel melk	**un café crème**	*ū kafee krèèm*
espresso + beetje melk	**une noisette**	*uun nwazèt*

Problemen

Mocht er zich een probleem voordoen tijdens uw verblijf:

De wasbak is verstopt.
Le lavabo est bouché.
le lavaboo è boesjee

De kamer is te lawaaierig.
La chambre est trop bruyante.
la sjãbr è tro brwiejãt

Zouden we ... kunnen hebben?	Pourrions-nous avoir ...	*poerjõ noe avwaar*
... een deken	**... une couverture ?**	*uun koevèrtuur*
... een flessenwarmer	**... un chauffe-biberon ?**	*ū sjoof biebrõ*
... een kinderbed	**... un lit d'enfant ?**	*ū lie dãfã*
... een extra bed	**... un lit d'appoint ?**	*ū lie dapwẽ*
... een extra hoofdkussen	**... un oreiller supplémentaire ?**	*ūn orėjee suupleemãtèèr*
De airco ...	**La climatisation ...**	*la kliematiezasiõ*
De haardroger ...	**Le sèche-cheveux ...**	*le sèsj sjeveu*

De kraan ...	**Le robinet ...**	le robienè
De lamp ...	**La lampe ...**	la lãp
Een peertje ...	**Une ampoule ...**	uun ãpoel
De schakelaar ...	**L'interrupteur ...**	lètèruuptèr
Een stopcontact ...	**Une prise ...**	uun priez
De televisie ...	**La télévision ...**	la teeleevieziõ
Het toilet ...	**Les toilettes ...**	lè twalèt
De verwarming ...	**Le chauffage ...**	le sjoofaazj
... werkt/werken niet.	**... ne marche(nt) pas.**	ne marsje pa
... is/zijn stuk.	**... est/sont cassé(e)(s).**	è/sõ kasee

Afrekenen

Ik zou de rekening willen betalen.
J'aimerais régler ma note.
zjèmerè reeGlee ma not

Ik ga met mijn bankkaart/cash betalen.
Je vais payer avec ma carte bancaire/en espèces.
zje vè pèjee avèk ma kart bãkèèr/ãn èspès

Ik heb een factuur nodig.
J'ai besoin d'une facture.
zjee bezwẽ duun faktuur

↗ Eten en drinken

Voor sommigen is proeven van de Franse keuken de **raison d'être** voor een bezoek aan Frankrijk. U kunt kiezen uit verschillende restaurants, van drukke lokale brasserieën tot verfijnde, met

Michelin-sterren bekroonde zaken. **Le déjeuner** - *de lunch* en **le dîner** - *het diner* kunnen uit verscheidene gangen bestaan: **hors-d'œuvre** of **entrée** - *voorgerecht*, **plat principal** - *hoofdgerecht*, gevolgd door **fromage** - *kaas* en/of **dessert**. Dit is vaak in de vorm van een **menu**, een aantal gerechten tegen een vaste prijs, wat goedkoper is dan **à la carte** te bestellen.

• Weet dat de bediening meestal in de prijs doorgerekend wordt, dus laten gasten gewoonlijk 2 of 3 euro liggen als blijk van appreciatie, behalve in dure restaurants.

In een restaurant

Ik zou een tafel willen reserveren voor vier personen tegen 8 uur.
J'aimerais réserver une table pour quatre personnes pour 20 heures.
zjèmerè reezèrvee uun taabl poer katre pèrson poer vèt èr

Het spijt me, maar we zijn volgeboekt.
Je suis désolé(e) mais nous sommes complets.
zje swie deezolee mè noe som kōplè

Hebt u een reservering?
Avez-vous une réservation ?
avee voe uun reezèrvasiō

Ik heb een tafel gereserveerd op naam van …
J'ai réservé une table au nom de …
zjee reezèrvee uun taabl oo nō de

Ik zou willen bestellen, alstublieft.
J'aimerais commander s'il vous plaît.
zjèmerè komādee siel voe plè

Zou u me de kaart kunnen brengen?
Pourriez-vous m'apporter la carte ?
poerjee voe maportee la kart

Hebt u gekozen?
Avez-vous choisi ?
avee voe sjwazie

Ik ga het menu nemen.
Je vais prendre le menu.
zje vè prādre le menuu

Als voorgerecht/hoofdgerecht/nagerecht had ik graag …
En entrée/en plat principal/en dessert, j'aimerais …
ān ātree/ā pla prēsiepal/ā dèsèèr zjèmerè

Wat gaat u drinken?
Qu'est-ce que vous allez boire ?
kèske voez alee bwaar

De rekening, alstublieft!
L'addition, s'il vous plaît !
ladiesiō siel voe plè

Ik wil het vlees graag...	J'aimerais la cuisson …	zjèmerè la kwiesō
… bleu, gekorst maar bloedrood vanbinnen.	… bleue.	bleu
… saignant, lichtjes gebakken.	… saignante.	sènjāt
… à point, medium, half doorbakken.	… à point.	a pwē
… goed doorbakken.	… bien cuite.	bjē kwiet

Specialiteiten en traditionele gerechten

Elke streek in Frankrijk heeft typische gerechten die haar eigen geschiedenis, gewoonten en klimaat reflecteren. Hier volgt een overzichtje van dit meest bekende culinaire erfgoed:

• **La quiche lorraine** *[la kiesj lorèèn]*: quiche met eieren, room, kaas en spek. (Lorraine)

• **Le bœuf bourguignon** *[le bëf boerGienjō]*: stoofpot van rundvlees in rode wijn met spekblokjes, wortelen en paddestoelen. (Bourgogne – *Boergondië*)

• **Le coq au vin** *[le kok oo vē]*: in rode wijn gesmoord haantje. (Bourgogne)

• **Les cuisses de grenouille** *[lè kwies de Grenoej]*: kikkerbilletjes, meestal klaargemaakt in boter, knoflook en peterselie.

• **La bouillabaisse** *[la boejabès]*: soort vissoep op smaak gebracht met saffraan en knoflook. (Provence)

• **Le cassoulet** *[le kasoelè]*: stevig gerecht van eend, worst en witte bonen. (zuidwesten van Frankrijk)

• **La blanquette de veau** *[la blākèt de voo]*: kalfsvlees met worteltjes, ui en paddestoelen in een romige saus (wit van kleur, cf. blanquette < blanc).

• **La choucroute** *[la sjoekroet]*: zuurkool, opgediend met aardappelen, rookworst en spek. (Alsace)

• **Le foie gras** *[le fwa Gra]*: ganzen- of eendenlever die geforceerd vetgemest werd; wordt koud of warm gegeten.

• **Le gigot d'agneau** *[le zjieGoo danjoo]*: gebraden lamsbout met knoflook en rozemarijn, vaak geserveerd met flageolets.

• **Le pot au feu** *[le potoofeu]*: stoofpot van rundsvlees, mergpijpen, worst en groente zoals wortelen, rapen, prei, ui of kool, vaak gegeten met scherpe mosterd.

• **La ratatouille** *[la ratatoejj]*: gestoofde aubergines, uien, tomaten, paprika's, courgettes, kruiden en knoflook. (Provence)

- **La crème brûlée** *[la krèèm bruulee]*: dessert van pudding bedekt met een dunne karamelkorst.
- **La crème caramel** *[la krèèm karamèl]*: dessert van pudding overgoten met karamelsaus.
- **La tarte tatin** *[la tart tatẽ]*: ondersteboven gebakken taart van gekarameliseerde appels.

En dan zijn er nog de religieus geïnspireerde zoetigheden die alleen rond die betrokken periode verkrijgbaar zijn:
- **La bûche de Noël** *[la buusj de noël]*: de kerststronk, opgerolde en geglaceerde rol van met chocolade-roomboter besmeerde biscuitcake.
- **La galette des rois** *[la Galèt dè rwa]*: de driekoningentaart, gemaakt van briochedeeg met gekonfijt fruit of bladerdeeg gevuld met frangipane; in de taart zit een figuurtje of boon (**la fève**) en wie die/dat in z'n stuk vindt, wordt tot koning of koningin gekroond!

Etenswaar

Hier vindt u wat nuttige woordenschat voor als u uit eten gaat of wat lekkers gaat kopen. Bioproducten dragen het label **biologique** *[bieoolozjiek]* of **bio** *[bieoo]*.

Vlees - **la viande** *[vjãd]*, gevogelte - **la volaille** *[volaj]* en vleeswaren - **la charcuterie** *[sjarkuutrie]*

everzwijn	**du sanglier**	duu sãGliee
ham (rauwe ~)	**du jambon (cru)**	duu zjãbõ (kruu)
kalfsvlees	**du veau**	duu voo
kalkoen	**de la dinde**	de la dẽd
kip	**du poulet**	duu poelè

konijn	**du lapin**	*duu lapẽ*
kwartel	**une caille**	*uun kaj*
lamsvlees	**de l'agneau**	*de lanjoo*
ree	**du chevreuil**	*duu sjevrëj*
rundvlees	**du bœuf**	*duu bëf*
slakken	**des escargots**	*dèz èskarGoo*
varkensvlees	**du porc**	*duu por*
wild	**du gibier**	*duu zjiebjee*
worst	**une saucisse**	*uun soosies*
worst, salami	**du saucisson**	*duu soosiesõ*

Vis - **le poisson** *[pwasõ]* en *zeevruchten (schaal- en schelpdieren)* - **les fruits de mer** *[frwie de mèèr]*

forel	**de la truite**	*de la trwiet*
gamba's/garnalen	**des gambas/crevettes**	*dè Gãbas/krevèt*
kabeljauw	**du cabillaud**	*duu kabiejoo*
krab	**du crabe**	*duu kraab*
kreeft	**du homard**	*duu omaar*
langoest	**de la langouste**	*de la lãGoest*
mosselen	**des moules**	*dè moel*
oesters	**des huîtres**	*dèz wietr*
poon	**du rouget**	*duu roezjè*
sardines	**des sardines**	*dè sardien*
sint-jakobsschelpen	**des coquilles Saint-Jacques**	*dè kokiej sẽ zjaak*
staartvis	**de la lotte**	*de la lot*
tonijn	**du thon**	*duu tõ*
zalm	**du saumon**	*duu soomõ*

zeebaars	du bar/loup	duu baar/loe
zeebrasem	de la daurade	de la dooraad
zeekat	de la seiche	de la sèsj

Fruit - **les fruits** [frwie] en groente - **les légumes** [leeGuum]

aardbei	une fraise	uun frèèz
abrikoos	un abricot	ūn abriekoo
ananas	un ananas	ūn ananas
appel	une pomme	uun pom
banaan	une banane	uun banan
druiven	du raisin	duu rèzē
framboos	une framboise	uun frābwaaz
kersen	des cerises	dè seriez
meloen	du melon	duu melō
peer	une poire	uun pwaar
perzik	une pêche	uun pèsj
sinaasappel	une orange	uun orāzj
aardappelen	des pommes de terre	dè pom de tèèr
bloemkool	un chou-fleur	ū sjoe flër
erwtjes	des petits pois	dè petie pwa
komkommer	un concombre	ū kōkōbr
olijven	des olives	dèz oliev
paddenstoelen	des champignons	dè sjāpienjō
selder(ie)	du céleri	duu sèlerie
sla	de la salade	de la salaad
sperzie-, prinsessenbonen	des haricots verts	dè ariekoo vèèr
tomaat	une tomate	uun tomat

| ui | **un oignon** | *ūn onjō* |
| wortel | **une carotte** | *uun karot* |

Andere etenswaar

augurken	**des cornichons**	*dè korniesjō*
azijn	**du vinaigre**	*duu vienèèGr*
boter	**du beurre**	*duu bër*
brood	**du pain**	*duu pē*
chips	**des chips**	*dè sjieps*
chocolade	**du chocolat**	*duu sjokola*
eieren	**des œufs**	*dèz eu*
frieten	**des frites**	*dè friet*
gebakje, koek, taart	**un gâteau**	*ū Gatoo*
ijs	**de la glace**	*de la Glas*
jam	**de la confiture**	*de la kōfietuur*
kaas	**du fromage**	*duu fromaazj*
knoflook	**de l'ail**	*de laj*
koekjes	**des biscuits**	*dè bieskwie*
linzen	**des lentilles**	*dè lātiej*
meel	**de la farine**	*de la farien*
mosterd	**de la moutarde**	*de la moetard*
olie	**de l'huile**	*de lwiel*
rijst	**du riz**	*duu rie*
snoepjes	**des bonbons**	*dè bōbō*
soep	**une soupe**	*uun soep*
suiker	**du sucre**	*duu suukr*
zout en peper	**du sel et du poivre**	*duu sèl ee duu pwaavr*

Hoeveelheden

een beetje	un peu (de)	ũ peu (de)
een fles	une bouteille de	uun boetèj de
een handvol	une poignée (de)	uun pwanjee de
een kilo	un kilo	ũ kieloo
meer	plus	pluus
een pak	un paquet (de)	ũ pakè (de)
een snee, plak	une tranche (de)	uun trãsj (de)
een stuk	un morceau (de)	ũ morsoo (de)
veel	beaucoup	bookoe
voldoende	assez	asee
500 gram	cinq cents grammes	sẽk sã Gram

Bereidingswijzen

gebakken in de pan	poêlé	pwalee
gebakken in de oven	cuit au four	kwie oo foer
gebraden	rôti	rotie
gefruit	revenu	revenuu
gegrild	grillé	Grijee
gefrituurd	frit	frie
gehakt	hâché	asjee
gekookt	bouilli	boejie
gemarineerd	mariné	marienee
gepocheerd	poché	posjee
gerookt	fumé	fuumee
gestoofd	cuit en ragoût	kwie ã raGoe
gestoomd	à la vapeur	a la vapër
gevuld	farci	farsie

Andere termen op de restaurantkaart...

aiguillettes	èGiejèt	reepjes
aile	èèl	vleugel
crudités	kruudietee	rauwkost
bavette	bavèt	lendenbiefstuk
cuisse	kwies	bil, dij
émincé	eemēsee	sneetje, plakje
en croûte	ā kroet	in korst
en daube	ā doob	gesmoord
faux-filet	foo fielè	lendestuk
méli-mélo	meelie meeloo	assortiment
onglet	ōGlè	kraaibiefstuk, longhaas
piquant/relevé	piekā/relevee	pikant/pittig
tartare	tartaar	tartaar

Kaas

Er zijn zo veel soorten kaas in Frankrijk dat er een heel jaar door dagelijks een andere kan geproefd worden. Ze kunnen onderverdeeld worden in drie types: geperste of harde kaas, zachte kaas en blauwgeaderde kaas. Ze kunnen gemaakt worden van koemelk (**le lait de vache**), geitenmelk (**le lait de chèvre**) of schapenmelk (**le lait de brebis**). Er is veel variatie in verschillende streken van Frankrijk, met elkeen gespecialiseerd in specifieke kaassoorten. Een paar heel bekende zijn:

Geperste kaas
Le Cantal: een harde kaas van koemelk uit de Auvergne.
Le Comté: kaas uit de Franche-Comté, vergelijkbaar met maar sterker van smaak dan gruyère.

Le Reblochon: volle kaas met gewassen korst, sterk aroma en romige textuur uit de Alpen.
Le Beaufort: kaas uit de Alpen, vergelijkbaar met maar sterker dan Comté.

Zachte kaas
Le Brie: romige witschimmelkaas met eetbare zachte, witte korst uit Meaux of Melun.
Le Camembert: Normandische kaas die in het hart zacht, maar niet lopend hoort zijn.
Le Munster: vrij sterke kaas uit Lorraine (Lotharingen) die soms met komijn wordt verrijkt.
Le Mont d'Or: seizoenskaas met gewassen korst uit de Franche-Comté met een sterk aroma.

Blauwgeaderde kaas
Le Roquefort: kaas van schapenmelk uit de Midi-Pyrénées.
Le Bleu des Causses: sterke kaas van koemelk uit dezelfde streek als Roquefort.

Alcoholische dranken

Franse wijnes zijn wereldberoemd, maar de etiketten zijn voor leken niet gemakkelijk te ontcijferen. Wijn maken is strikt gereglementeerd en het etiket moet de wijncategorie vermelden: **vin de table** - *tafelwijn*, **vin de pays** - *landwijn* of **vin d'appellation d'origine contrôlée (AOC)**, wijnen die gemaakt moeten worden van druiven van een specifieke variëteit, afkomstig uit wijngaarden in een welbepaalde streek. De belangrijkste wijnstreken zijn: **Alsace** langs de Rijn (met Elzaswijnen als Riesling en Gewürztraminer), **Beaujolais** in het middenwesten van Frankrijk, **Bordeaux** aan de

Atlantische kust, **Bourgogne** dat in het Nederlands Boergondië heet, **Champagne**, **Charente** (Cognac), **Corse** (Corsica), **Jura** aan de Zwitserse grens, **Languedoc-Roussillon** in Zuid-Frankrijk, **Loire** (Vouvray, Muscadet), **Provence** en **Rhône** in het zuidoosten, **Savoie** in de Alpen, en **le Sud-Ouest** of zuidwesten.
De keuze is zo uitgebreid dat u er soms beter aan doet wat raad te vragen:

Wat beveelt u aan?
Qu'est-ce que vous recommandez ?
kèske voe rekomãdee

Een drankje voor de maaltijd – **l'apéritif** is een sociaal ritueel in Frankrijk. Klassieke aperitieven zijn port, Martini, pastis of Ricard (met anijssmaak), Suze (Franse bitter), bier, cider, champagne of whisky, wat van streek tot streek kan verschillen. **L'apéritif** wordt vaak geserveerd met crackers, nootjes, olijven, blokjes kaas of sneetjes **saucisson** (salami, droge worst) en kan wel even duren! Het borreltje na de maaltijd heet **le digestif** en kan **eaux de vie** (brandewijn), cognac, likeur of port zijn.

biertje	**une bière**	*uun bjèèr*
bier met limonade	**un panaché**	*ũ panasjee*
biertje van het vat	**une pression**	*uun prèsiõ*
pilsje	**un demi**	*ũ demie*
een glas ...	**un verre de ...**	*ũ vèèr de*
cider	**(du) cidre**	*(duu) siedr*
rode wijn	**vin rouge**	*vẽ roezj*
roséwijn	**vin rosé**	*vẽ roozee*

witte wijn	**vin blanc**	vẽ blā
karafje wijn	**un pichet de vin**	ū piesjè de vẽ
wijnproeverij	**une dégustation de vin**	uun deeGuustasiõ de vẽ
wijnkaart	**la carte des vins**	la kart dè vẽ

Gezondheid! - **Santé !** *[sātee]*

Andere dranken

Ik ga ... nemen.	Je vais prendre ...	zje vè prādr
... (ijs)thee	... du thé (glacé).	duu tee (Glasee)
... een kruidenthee	... une infusion.	uun ẽfuuziõ
... limonade	... de la limonade.	de la liemonaad
... mineraalwater.	... de l'eau minérale.	de loo mieneeral
... spuitwater.	... de l'eau gazeuse.	de loo Gazeuz
... een versgeperst sinaasappel-/citroensap	... une orange pressée/ un citron pressé.	uun orāzj prèsee/ ū sietrõ prèsee
... een vruchtensap	... un jus de fruit.	ū zjuu de frwie
... een glas/een karaf water.	... un verre/une carafe d'eau.	ū vèèr/uun karaf doo

↗ Winkelen

Winkels en diensten

De meeste winkels zijn open van maandag tot zaterdag (sommige sluiten 's maandags). De openingstijden variëren van streek tot streek en al naargelang van de grootte van de stad; veel kleine winkeltjes sluiten tijdens de middagpauze.

Ik zoek een ...	Je cherche ...	zje sjèrsj
... apotheek.	... une pharmacie.	uun farmasie
... bakkerij.	... une boulangerie.	uun boelāzjrie
... bank.	... une banque.	uun bāk
... banketbakkerij.	... une pâtisserie.	uun patiesrie
... bloemist.	... un fleuriste.	ū flëriest
... doe-het-zelfzaak.	... un magasin de bricolage.	ū maGazē de briekolaazj
... groenteverkoper.	... un marchand de légumes.	ū marsjā de leeGuum
... (groot)warenhuis.	... un grand magasin.	ū Grā maGazē
... ijsverkoper.	... un glacier.	ū Glasiee
... juwelierszaak.	... une bijouterie.	uun biezjoetrie
... kapper.	... un coiffeur.	ū kwafër
... kruidenierswinkel.	... une épicerie.	uun eepiesrie
... markt.	... un marché.	ū marsjee
... schoenmaker.	... un cordonnier.	ū kordonjee
... schoenwinkel.	... un magasin de chaussures.	ū maGazē de sjoosuur
... slagerij.	... une boucherie.	uun boesjrie
... snoepwinkel.	... une confiserie.	uun kōfiezrie
... sportwinkel.	... un magasin de sport.	ū maGazē de spor
... supermarkt.	... un supermarché.	ū suupèrmarsjee
... tabakswinkel.	... un bureau de tabac.	ū buuroo de taba
... viswinkel.	... une poissonnerie.	uun pwasonerie
... wijnverkoper.	... un caviste.	ū kaviest
... de kassa.	... la caisse.	la kès

CONVERSATIE

Hebt u hulp nodig?
Avez-vous besoin d'aide ?
avee voe bezwẽ dèèd

Het is mijn beurt.
C'est à moi.
sèt a mwa

Hoeveel is het?
C'est combien ?
sè kõbjẽ

Nog iets?
Autre chose ?
ootre sjooz

Dat is 7,80 euro.
Ça fait sept euros quatre-vingts.
sa fè sèt euroo katre vẽ

Boeken, kranten, tijdschriften en muziek

De belangrijkste dagbladen in Frankrijk zijn *Le Monde* (centrum-links), *Le Figaro* (conservatief), *Libération* (linkervleugel), *L'Humanité* (uiterst links) en *L'équipe* (sportblad dat dagelijks een van de best verkopende Franse kranten is).

Hebt u kranten in het Nederlands?
Avez-vous des journaux en néerlandais ?
avee voe dè zjoernoo ã neerlãdè

Ik zoek een ...	Je cherche ...	zje sjèrsj
... bibliotheek.	... une bibliothèque.	uun bieblieoték
... boek (kinder~).	... un livre (pour enfant).	ū lievre (poer ãfã)
... boekhandel.	... une librairie.	uun liebrèrie
... cd.	... un CD.	ū seedee
... krantenverkoper.	... un marchand de journaux.	ū marsjã de zjoernoo
... receptenboek.	... un livre de recettes.	ū lievre de resèt
... reisgids.	... un guide touristique.	ū Gied toeriestiek
... roman.	... un roman.	ū romã
... stripverhaal.	... une bande dessinée.	uun bãd dèsienee
... wegenkaart.	... une carte routière.	uun kart roetjèèr

Wasserij en stomerij

Kunt u deze vlek reinigen?
Pouvez-vous nettoyer cette tache ?
poevee voe nètwajee sèt tasj

Wanneer zal het klaar zijn ?
Quand est-ce que ce sera prêt ?
kã̃ èske se sera prè

retouche, verandering	une retouche	uun retoesj
stomerij	un pressing	ū prèsieng
strijken	repasser	repasee
wassalon	une laverie automatique	uun laverie otoomatiek
wassen	laver	lavee
een zoom inleggen	faire un ourlet	fèèr ũ̃ oerlè

Kleren en schoenen

Iets leuks gevonden...

Mag ik dit passen?
Puis-je essayer ceci ?
pwiezj èsèjee sesie

Waar zijn de pashokjes?
Où se trouvent les cabines d'essayage ?
oe se troev lè kabien dèsèjaazj

Ik neem het/hem/ze.
Je le *(m.)*/**la** *(v.)* **prends.**
zje le/la prã

Kleren

Het is te ...	C'est trop ...	sè tro
... groot.	... grand.	Grã
... klein.	... petit.	petie
... kort.	... court.	koer
... lang.	... long.	lõ

Waar is ...	Où est ...	oe è
... de kinder-/heren-/damesafdeling?	... le rayon enfants/hommes/femmes ?	le rèjõ ãfã/om/fam

badpak	un maillot de bain	ū majoo de bẽ
beha	un soutien-gorge	ū soetjẽ Gorzj
boxershort/onderbroek	un boxer/caleçon	ū boksèèr/kalsõ
gilet, vest	un gilet	ū zjielè

jasje, vest	**une veste**	*uun vèst*
jeans, spijkerbroek	**un jean**	*ū dzjien*
jurk	**une robe**	*uun rob*
kleren	**des vêtements**	*dè vètmā*
kostuum, pak	**un costume**	*ū kostuum*
mantel	**un manteau**	*ū mātoo*
mouwen (lange/korte ~)	**des manches longues/ courtes**	*dè māsj lōG/ koert*
nachthemd	**une chemise de nuit**	*uun sjemiez de nwie*
ondergoed	**des sous-vêtements**	*dè soevèètmā*
(over)hemd	**une chemise**	*uun sjemiez*
pantalon, lange broek	**un pantalon**	*ū pātalō*
panty	**des collants**	*dè kolā*
pull(over)	**un pull(over)***	*ū puul(oovèèr)*
pyjama	**un pyjama**	*ū piezjama*
regenjas	**un imperméable**	*ū̃ ēpèrmeeaabl*
rok	**une jupe**	*uun zjuup*
short	**un short**	*ū sjort*
sokken, kousen	**des chaussettes**	*dè sjoosèt*
T-shirt	**un tee-shirt**	*ū tiesjèrt*

Schoenen

basketbalschoenen	**des baskets**	*dè baskèt*
hakken	**des talons**	*dè talō*
laarzen	**des bottes**	*dè bot*
sandalen	**des sendales**	*dè sādal*
schoenen	**des chaussures**	*dè sjoosuur*
schoenmaat	**la pointure**	*la pwētuur*

slippers, slofjes	**des chaussons**	dè sjoosō
teenslippers	**des tongs**	dè tōG

Accessoires

armband	**un bracelet**	ū braslè
ceintuur, riem	**une ceinture**	uun sētuur
das	**une cravate**	uun kravat
halssnoer	**un collier**	ū koljee
handschoenen	**des gants**	dè Gā
handtas	**un sac à main**	ū sak a mē
hoed	**un chapeau**	ū sjapoo
muts	**un bonnet**	ū bonè
oorringen	**des boucles d'oreille**	dè boekle dorèj
pet	**une casquette**	uun kaskèt
sjerp	**une écharpe**	uun eesjarp
tas	**un sac**	ū sak
zonnebril	**des lunettes de soleil**	dè luunèt de solèj

Kleuren en tinten

Ik zou een gestreept lichtblauw T-shirt willen.
J'aimerais un tee-shirt rayé bleu clair.
zjèmerè ū tiesjert rèjee bleu klèèr

blauw	**bleu(e)**	bleu
geel	**jaune**	zjoon

groen	**vert(e)**	vèèr (vèrt)
paars	**violet(te)**	vieolè(t)
rood	**rouge**	roezj
roze	**rose**	rooz
wit	**blanc/blanche**	blã/blãsj
zwart	**noir(e)**	nwaar
donker	**foncé(e)**	fõsee
licht	**clair(e)**	klèèr

Roken

Roken is in Frankrijk verboden binnenin openbare ruimten, maar wie wil kan aan tafel op een buitenterras roken.

Tabakswinkels zijn herkenbaar aan het rode ruitvormige **Tabac**-bord.

aansteker	**un briquet**	ũ briekè
asbak	**un cendrier**	ũ sãdriee
doosje lucifers	**une boîte d'allumettes**	uun bwat daluumèt
roltabak, shag	**du tabac à rouler**	duu taba a roelee
sigaar	**un cigare**	ũ sieGaar
sigaretten-, vloeipapier	**du papier à cigarettes**	duu papjee a sieGarèt
slof/pak sigaretten	**une cartouche/un paquet de cigarettes**	uun kartoesj/ũ pakè de sieGarèt
tabakswinkel	**un bureau de tabac**	ũ buuroo de taba

Fotograferen

Ik zou foto's willen laten afdrukken.
J'aimerais faire imprimer des photos.
zjèmerè fèèr ēpriemee dè footoo

Mijn fototoestel werkt niet goed.
Mon appareil photo ne marche pas bien.
mōn aparèj footoo ne marsj pa bjē

batterijen	des piles	dè piel
camera	une caméra	uun kameera
digitaal	numérique	nuumeeriek
fotowinkel	un magasin de photo	ū maGazē de footoo
geheugenkaart	une carte mémoire	uun kart meemwaar
glanspapier	du papier brillant	duu papjee briejā
lens	un objectif	ūn obzjèktief
mat papier	du papier mat	duu papjee mat

Toiletartikelen

borstel	une brosse	uun bros
crème	de la crème	de la krèèm
deodorant	du déodorant	duu deeoodoorā
epileertangetje	une pince à épiler	uun pēs a eepielee
kam	un peigne	ū pènj
lippenstift	un rouge à lèvres	ū roezj a lèèvr
nagelknipper	un coupe-ongles	ū koep ōGl
nagellakremover	du dissolvant	duu diesolvā

nagelvijl	une lime à ongles	uun liem a õGle
parfum	du parfum	duu parfü
reinigingsmelk	du démaquillant	duu deemakiejä
scheerapparaat	un rasoir	ü razwaar
scheercrème	de la crème à raser	de la krèèm a razee
scheermesjes	des lames de rasoir	dè lam de razwaar
shampoo	du shampooing	duu sjäpwë
tandenborstel	une brosse à dents	uun bros a dã
tandpasta	du dentifrice	duu dätiefries
zakdoeken	des mouchoirs	dè moesjwaar
zeep	du savon	duu savõ

Souvenirs

Als u een cadeautje koopt, verpakken de meeste winkels het ook gratis als zodanig. Het volstaat de verkoper/verkoopster te zeggen: **C'est un cadeau.** - *Het is een geschenk.*

Kunt u het inpakken als geschenk?
Pouvez-vous faire un paquet cadeau ?
poevee voe fèèr ü pakè kadoo

Hebt u ...?
Avez-vous ... ?
avee voe

briefkaart, postkaart	une carte postale	uun kart postal
chocolaatjes	des chocolats	dè sjokola
klok/wekker	une horloge/ un réveil	uun orlozj/ ü reevèj

CONVERSATIE

magneet	un aimant	ũn èmã
poster	un poster	ũ postèèr
sneeuwbal	une boule à neige	uun boel a nèèzj
speeltje	un jouet	ũ zjoeè
uurwerk	une montre	uun mõtre
vaat-, theedoek	un torchon	ũ torsjõ

↗ Professionele situaties

Wat nuttige woordenschat voor als u in het Frans wilt zakendoen:

Een afspraak regelen

Goeiendag, ik zou een afspraak willen maken met …
Bonjour. Je voudrais prendre rendez-vous avec …
bõzjoer zje voedrè prãdre rãdee voe avèk

Blijft u even aan de lijn. Ik verbind u door met hem/haar.
Ne quittez pas. Je vous le/la passe.
ne kietee pa zje voe le/la pas

Hij is beschikbaar maandag om 11 uur. Schikt u dat?
Il est disponible lundi à onze heures. Cela vous convient-il ?
iel è diesponieble lũdie a õz ër sela voe kõvjēt iel

Functietitels

| president-directeur-generaal, CEO | le président directeur général (m.)/ la présidente directrice générale (v.) (PDG) | le preeziedã dierèktēr zjeeneeral/ la preeziedãt dierèktries zjeeneeral (pee dee zjee) |

algemeen directeur/ directrice	**le directeur/la directrice général(e)**	*le dierèktër/la dierèktries zjeeneeral*
aan-, inkoopdirecteur	**le directeur/la directrice des achats**	*le dierèktër/la dierèktries dèz asja*
directeur/directrice v/d personeelsdienst, human resources manager	**le directeur/ la directrice des ressources humaines**	*le dierèktër/la dierèktries dè resoers uumèèn*
gerant/-e, bedrijfsleider	**le gérant/la gérante**	*le zjeerã/la zjeerãt*
hoofd van de boekhouding	**le/la chef comptable**	*le/la sjèf kõtaabl*
marketing directeur/ directrice	**le directeur/la directrice marketing**	*le dierèktër/la dierèktries markètieng*
personeelsverantwoordelijke, hoofd personeelszaken	**le/la responsable du personnel**	*le/la rèspõsaebl duu pèrsonèl*
product manager	**un/une chef de produit**	*ũ/uun sjèf de prodwie*
receptionist/-e	**le/la réceptionniste**	*le/la reesèpsioniest*
secretaris/secretaresse	**le/la secrétaire**	*le/la sekreetèèr*
verkoopdirecteur/ -directrice, sales manager	**le directeur/la directrice des ventes**	*le dierèktër/la dierèktries dè vãt*

Bedrijfsstructuur

bedrijf/ onderneming	**une société/ entreprise**	*uun sosieetee/ uun ãtrepriez*
dienst	**un service**	*ũ sèrvies*
directie	**la direction**	*la dierèksiõ*
fabriek	**une usine**	*uun uuzien*
kader-, staflid	**un cadre**	*ũ kaadr*
kantoor	**un bureau**	*ũ buuroo*
opslagplaats	**un entrepôt**	*ũn ãtrepoo*
personeel	**le personnel**	*le pèrsonèl*

ploegbaas, voorman	**un contremaître**	ũ kõtremèètr
productielijn	**une chaîne de production**	uun sjèèn de produuksiõ
stagiair/-e	**un/une stagiaire**	ũ/uun stazjièèr
uitzendkracht	**un/une intérimaire**	ũ /uun ēteeriemèèr
vergadering	**une réunion**	uun reeuunjõ
werknemer/-ster	**un/une salarié(e)**	ũ/uun salarjee
werkplaats	**un atelier**	ũn ateljee

Bedrijfstermen

aandeelhouders	**les actionnaires**	lèz aksionèèr
aankoop	**un achat**	ũn asja
(aan-, in)koper	**l'acheteur**	lasjtër
aanwerven	**embaucher**	ãboosjee
bedrag	**un montant**	ũ mõtã
bestelling	**une commande**	uun komãd
betaling	**un paiement**	ũ pèjmã
BTW	**la TVA**	la tee vee aa
budget	**un budget**	ũ buudzjè
concurrentie	**la concurrence**	la kõkuurãs
consumenten	**les consommateurs**	lè kõsomatër
contract	**un contrat**	ũ kõtra
detailhandel	**la vente au détail**	la vãt oo deetaj
factuur	**une facture**	uun faktuur
groothandel(aar)	**un grossiste**	ũ Grosiest
investeren	**investir**	ēvèstier
investering	**un investissement**	ũn ēvestiesmã
kopen	**acheter**	asjtee

korting	**une remise**	*uun remiez*
kost	**un coût**	*ū koe*
lening	**un prêt**	*ū prè*
leverancier	**un fournisseur**	*ū foerniesèr*
omzet	**le chiffre d'affaires**	*le sjiefr dafèèr*
onderaanbesteden	**sous-traiter**	*soe trètee*
onderaannemer	**un sous-traitant**	*ū soe trètā*
ondertekenen	**signer**	*sienjee*
ontslaan	**licencier**	*liesãsiee*
opzeggen	**résilier**	*reezieljee*
product	**un produit**	*ū prodwie*
sponsoren	**sponsoriser**	*spōsoriezee*
verkopen	**vendre**	*vādr*

Beurzen, salons en expo's

Internationale beurzen, salons en expo's worden in heel Frankrijk georganiseerd, doch vooral in Parijs. De drukst bijgewoonde zijn: **le Salon International de l'Aéronautique et de l'Espace**, het grootste lucht- en ruimtevaartevenement ter wereld; **le Mondial de l'Automobile**, het autosalon; **le Salon de l'Agriculture**, de internationale landbouwbeurs en **le Salon du Livre**, de boekenbeurs.

beurs, salon	**un salon**	*ū salō*
congresgebouw	**un palais des congrès**	*ū palè dè kōGrè*
exposant	**un exposant**	*ūn ėkspoozā*
groot publiek	**le grand public**	*le Grã puubliek*
professionelen	**les professionnels**	*lè profèsionèl*
stand	**un stand**	*ū städ*

| tentoonstellen | exposer | èkspoozee |
| tentoonstellingspark, -terrein | un parc des expositions | ū park dèz èkspooziesiõ |

↗ Gezondheid

Dringend hulp nodig

Inwoners van de Europese Unie kunnen via de Europese Gezondheidskaart bij ziekte of een ongeval gratis of tegen verminderde prijs een beroep doen op door een staatsinstelling verleende gezondheidszorgen. Een ziekteverzekering is **une assurance maladie**.

Waar is het dichtstbijzijnde ziekenhuis?
Où se trouve l'hôpital le plus proche ?
oe se troev lopietal le pluu prosj

Ik heb onmiddellijk een dokter nodig.
J'ai besoin d'un médecin immédiatement.
zjee bezwē dū meedsē iemeedjatmā

Kunt u een ziekenwagen roepen?
Pouvez-vous appeler une ambulance ?
poevee voe aplee uun ābuulās

dokterspraktijk	un cabinet medical	ū kabienè meediekal
spoedgeval	une urgence	uun uurzjās
wachtzaal	une salle d'attente	uun sal datāt

Symptomen

Ik voel me niet goed.
Je ne me sens pas bien.
zje ne me sã pa bjẽ

Ik ga overgeven./Ik heb overgegeven.
J'ai envie de vomir./J'ai vomi.
zjee ãvie de vomier/zjee vomie

Ik kan moeilijk ademen.
J'ai du mal à respirer.
zjee duu mal a rèspieree

Ik heb ...	J'ai ...	zjee
... brandend maagzuur.	... des brûlures d'estomac.	dè bruuluur dèstoma
... diarree.	... de la diarrhée.	de la diearee
... hoest.	... une toux.	uun toe
... een hoge/lage bloeddruk.	... de la tension/une baisse de tension.	de la tãsiõ/uun bèès de tãsiõ
... koorts.	... de la fièvre.	de la fjèèvr
... een loopneus.	... le nez qui coule.	le nee kie koel

Ik ben ...	Je suis ...	zje swie
... allergisch.	... allergique.	alèrzjiek
... astmapatiënt.	... asthmatique.	asmatiek
... diabeticus.	... diabétique.	dieabeetiek
... epilepticus.	... épileptique.	eepielèptiek

... verstopt.	... constipé(e).	kõstiepee
... ziek.	... malade.	malaad
Ik ben hartpatiënt.	Je suis cardiaque.	zje swie kardjak
Ik heb me verbrand.	Je me suis brûlé(e).	zje me swie bruulee
Ik heb me gesneden.	Je me suis coupé(e).	zje me swie koepee
Ik voel me duizelig.	J'ai des vertiges.	zjee dè vèrtiezj

Pijn en lichaamsdelen

Ik heb pijn aan mijn ...	J'ai mal ...	zjee mal
... arm	... au bras.	oo bra
... been	... à la jambe.	a la zjãb
... borst	... à la poitrine.	a la pwatrien
... buik	... au ventre.	oo vãtr
... elleboog	... au coude.	oo koed
... enkel	... à la cheville.	a la sjeviej
... hals	... au cou.	oo koe
... hand	... à la main.	a la mẽ
... hart	... au cœur.	oo kër
... hoofd	... à la tête.	a la tèèt
... keel	... à la gorge.	a la Gorzj
... knie	... au genou.	oo zjenoe
... nek	... à la nuque.	a la nuuk
... neus	... au nez.	oo nee
... ogen	... aux yeux.	ooz jeu
... oren	... aux oreilles.	ooz orèj
... pols	... au poignet.	oo pwanjè
... ribben	... aux côtes.	oo koot

... rug	... au dos.	oo doo
... schouder	... à l'épaule.	a leepool
... tanden	... aux dents.	oo dā
... vingers	... aux doigts.	oo dwa
... voet	... au pied.	oo pjee

Bij de vrouwenarts

Ik ben ongesteld. Hebt u pillen tegen de pijn?
J'ai mes règles. Avez-vous des comprimés pour la douleur ?
zjee mè rèGl avee voe dè kōpriemee poer la doelër

Ik ben zwanger.
Je suis enceinte.
zje swiez ãsēt

bevallen	accoucher	akoesjee
bevalling	un accouchement	ũn akoesjmã
blaasontsteking	une cystite	uun siestiet
gynaecoloog/-loge, vrouwenarts	un gynécologue	ũ zjieneekoloG
maandverbanden	des serviettes hygiéniques	dè sèrvjèt iezjieeniek
morning-afterpil	une pilule du lendemain	uun pieluul duu lãdemē
pil	la pilule	la pieluul
regels, menstruatie	les règles	lè rèGl
schimmelinfectie	une mycose	uun miekooz
tampons	des tampons	dè tãpō
voorbehoedmiddel	un contraceptif	ũ kõtrasèptief

Diagnose en behandeling

Maakt u zich geen zorgen. Het is niet erg.
Ne vous inquiétez pas. Ce n'est pas grave.
ne voez ẽkjeetee pa se nè pa Graav

We moeten u naar het ziekenhuis brengen.
Nous devons vous emmener à l'hôpital.
noe devõ voez ãmenee a lopietal

bacterie	**une bactérie**	*uun bakteerie*
besmet, geïnfecteerd	**infecté(e)**	*ẽfektee*
besmetting, infectie	**une infection**	*uun ẽfeksiõ*
blindedarmontsteking	**l'appendicite**	*lapẽdiesiet*
gebroken	**cassé(e)**	*kasee*
gescheurd	**déchiré(e)**	*deesjieree*
griep	**la grippe**	*la Griep*
longontsteking	**une pneumonie**	*uun pneumonie*
microben	**des microbes**	*dè miekrob*
ontsteking	**une inflammation**	*uun ẽflamasiõ*
ontstoken	**enflammé(e)**	*ãflamee*
ontwricht	**déboîté(e)**	*deebwatee*
verkoudheid	**un rhume**	*ũ ruum*
verstuikt	**foulé(e)**	*foelee*
virus	**un virus**	*ũ vieruus*
voedselvergiftiging	**une intoxication alimentaire**	*uun ẽtoksiekasiõ aliemãtèèr*

Moet ik betalen voor de verzorging?
Dois-je payer pour les soins ?
dwazj pèjee poer lè swẽ

Hier is uw voorschrift/recept.
Voici votre ordonnance.
vwasie votr ordonãs

We moeten ...	Nous devons ...	noe devõ
... bloedanalyses uitvoeren.	... faire des analyses de sang.	fèèr dèz analiez de sã
... een foto nemen.	... faire une radio.	fèèr uun radjo
... een paar onderzoeken doen.	... faire quelques examens.	fèèr kèlkez éGzamẽ
... uw been in het gips leggen.	... plâtrer votre jambe.	plaatree votre zjãb

U moet ...	Vous devez ...	voe devee
... antibiotica innemen.	... prendre des antibiotiques.	prãdre dèz ãtiebieotiek
... een specialist raadplegen.	... voir un spécialiste.	vwaar ũ speesialiest
... in bed blijven.	... rester au lit.	restee oo lie
... zich inspuitingen laten toedienen.	... vous faire faire des piqûres.	voe fèèr fèèr dè piekuur
... zich laten opereren.	... vous faire opérer.	voe fèèr opeeree
... zich laten repatriëren.	... vous faire rapatrier.	voe fèèr rapatriee

Bij de tandarts

Ik ben een vulling kwijt.
J'ai perdu un plombage.
zjee pèrduu ũ plõbaazj

Ik heb mijn kunstgebit gebroken.
J'ai cassé mon dentier.
zjee kasee mõ dãtjee

Ik heb ...	J'ai ...	zjee
... een abces.	... un abcès.	ũn absè
... een gaatje.	... une carie.	uun karie
... een kroon.	... une couronne.	uun koeron
... tand-, kiespijn.	... mal aux dents.	mal oo dã

Ik moet ...	Je dois ...	zje dwa
... een wortelkanaal-behandeling doen.	... dévitaliser votre dent.	deevietaliezee votre dã
... uw tand/kies trekken.	... vous arracher la dent.	voez arasjee la dã

| Doet u uw mond open. | **Ouvrez la bouche.** | oevree la boesj |
| Spoelt u uw mond. | **Rincez-vous la bouche.** | rẽsee voe la boesj |

Bij de opticien

Ik heb een glas gebroken.
J'ai cassé un verre.
zjee kasee ũ vèèr

Kunt u mijn bril repareren?
Pouvez-vous réparer mes lunettes ?
poevee voe reeparee mè luunèt

Ik heb ... nodig.	J'ai besoin ...	zjee bezwẽ
... contactlenzen	... de lentilles de contact.	dè lãtiej de kõtakt
... een lenzenreiniger	... d'une solution de nettoyage pour lentilles.	duun soluusiõ de nètwajaazj poer lãtiej

Ik moet ...	J'ai besoin ...	zjee bezwë
... een oogtest doen.	... de faire un examen de la vue.	de fèèr ūn èGzamē de la vuu
... een zonnebril hebben.	... d'une paire de lunettes de soleil.	duun pèèr de luunèt de solèj

In de apotheek

La pharmacie is herkenbaar aan het groene kruis dat verlicht is wanneer de apotheek open is.

Waar is de dichtstbijzijnde apotheek?
Où se trouve la pharmacie la plus proche ?
oe se troev la farmasie la pluu prosj

Hebt u een voorschrift/recept?
Avez-vous une ordonnance ?
avee voe uun ordonās

Kunt u me iets geven voor/tegen ...	Pouvez-vous me donner quelque chose pour ...	poevee voe me donee kèlke sjooz poer
... brandwonden?	... les brûlures ?	lè bruuluur
... diarree?	... la diarrhée ?	la diearee
... hoest?	... la toux ?	la toe
... hoofdpijn?	... les maux de tête ?	lè moo de tèèt
... hooikoorts?	... le rhume des foins ?	le ruum dè fwē
... insectensteken?	... les piqûres d'insecte ?	lè piekuur dēsèkt
... koorts?	... la fièvre ?	la fjèèvr
... maagpijn?	... des douleurs d'estomac ?	dè doelēr dèstoma
... migraine?	... la migraine ?	la mieGrèèn

... misselijkheid?	... la nausée ?	la noozee
... reisziekte?	... le mal des transports ?	le mal dè trãspor
... sinusitis?	... la sinusite ?	la sienuuziet
... tand-/kiespijn?	... le mal de dents ?	le mal de dã
... verkoudheid?	... un rhume ?	ũ ruum
... verstopping?	... la constipation ?	la kõstiepasiõ

Ik had graag ...	Je voudrais ...	zje voedrè
... antiseptische crème.	... de la crème antiseptique.	de la krèèm ãtiesèptiek
... aspirine.	... de l'aspirine.	de laspierien
... hoestsiroop.	... du sirop contre la toux.	duu sieroo kõtr la toe
... keelpastilles.	... des pastilles pour la gorge.	dè pastiej poer la Gorzj
... luiers.	... des couches.	dè koesj
... een neusspray.	... un vaporisateur nasal.	ũ vaporiezatèr nazal
... ontsmettingsmiddel.	... du désinfectant.	duu deezẽfèktã
... oogdruppels.	... des gouttes pour les yeux.	dè Goet poer lèz jeu
... tabletten.	... des comprimés.	dè kõpriemee
... een thermometer.	... un thermomètre.	ũ tèrmomètr
... verband.	... des pansements.	dè pãsmã
... zonnecrème.	... de la crème solaire.	de la krèèm solèèr

Thematische index

A
Aangifte (diefstal) **106**
Aansprekingen **15**, **22**, **57-58**
Accenten **45**
Accessoires **138**
Accommodatie **45**, **115–117**
Activiteiten **108-109**
Afkortingen **85-86**
Afscheidnemen **58**
Afspreken **73–74** (vrienden), **142** (professioneel)
Akkoord gaan (of niet) **22**, **39-40**, **59**
Alfabet **13**
Allergieën **114–115**, **147**
Alsjeblieft/Alstublieft **21-22**
Apotheek **133**, **153–154**
Auto **47**, **94–98**
Autopech **95–96**
Autoverhuur **97**

B
Bakkerij **33**, **133**
Bank **70**, **87–88**, **133**
Bedanken **60**
Begrijpen **61–62**
Begroetingen **57**
Behandelingen (ziekte) **150–151**
Bereidingen (eten) **128–129**
Berichten **84–85**, **104**
Beroepen **35**, **69–70**, **142–144**
Beschrijvingen **19–20**, **31–32**, **71–72**
Bestellen **21–22**, **37–38**, **121–122**
Betalen **120**, **122**
Beten/steken **114–115**
Beurzen **145–146**
Bezienswaardigheden **101–102**
Bezigheden **35**, **69–70**, **142–143**
Bezit **24**, **36**
Bijstand **83–84**
Bijvoeglijke naamwoorden **20**, **31–32**, **40**, **71–72**
Bijwoorden **48**, **54**
Boeken **134–135**
Bomen **112**
Boot **92**
Bril **110**, **138**, **152–153**
Burgerlijke staat **67–68**
Bus **90–91**, **98**, **100**

C
Cadeaus **141–142**
Cafés **21–22**, **119**
Camping **110–112**
Caravan **110–111**
Cijfers en getallen (zie flap)
Computer **105–106**

D
Dagen **81**
Datum **80–81**
Diefstal **106**
Dieren **23**, **113–114**
Dit/dat **56**
Doen (werkwoord) **30**, **38**, **77**
Dokter **41–42**, **146–151**
Douane **86–87**
Drank **21**, **130–132**

E
Er is/zijn **31**
Etenswaar **25**, **120–130**
Etiquette **43**, **57**
Excuseren (zich ~) **27**, **29**, **33**, **62**, **121**

F
Familie **23–24**, **64**, **67–68**
Fauna **113–114**
Feestdagen **77-78**
Fietsen **93–94**
Film **52**, **86**, **107**
Flora **112**
Formeel/informeel **15–16**, **57**
Foto's **140**
Frequentie **82**
Fruit **126**

G
Gaan (werkwoord) **33–34**
Geld **87–88**
Geslacht (grammaticaal) **18**, **20**, **24**, **31**, **36**, **56**
Gevoelens **71–72**, **147**

Gezondheidsproblemen **41–42**, **146–154**
Groenten **126–127**

H
Hebben (werkwoord) **18**, **46**, **56**, **66**
Hoeveelheden **25–26**, **128**
Hotel **45**, **115–120**
Houden van (of niet) **25–26**, **38**,
Hulp **83–84**
Huren (fiets, auto) **94**, **97**

I
Imperatief **33**
Infoborden **84–85**
Insecten **114–115**
Internet **105–106**

K
Kaas **25**, **129–130**
Kalender **78–81**
Kamers **45**, **115–117**, **119–120**
Kapper **107–108**
Keuken **120–130**
Kinderen **67–68**
Klemtoon **14**
Kleren **136–137**
Kleuren **138–139**
Koken **29–30**, **128–129**
Kranten **134–135**

L
Landen **65–66**
Leeftijd **17**, **66–67**
Liaison **14**, **19**

Lichaamsdelen **148–149**
Lichaamstaal **60–61**
Lidwoorden **20, 21, 25, 42, 54, 65**
Liefde **38, 72**

M
Maaltijden **73, 120–122**
Maanden **81**
Mannelijk/Vrouwelijk **18, 20**
Markt **25, 102, 133**
Media **134–35**
Medische zaken **146–154**
Meervoudsvorm **20, 21-22, 23–24, 26,**
  40, 42, 56
Meetings (business) **142**
Meneer/Mevrouw/Juffrouw **22, 58**
Meningen **39–40, 71–72**
Mensen ontmoeten **15–16, 17, 62–63,**
  73–74
Menu's **121, 129**
Misdaad **106**
Moeten **34, 41, 48**
Musea **100–101**

N
Namen **15–16, 64**
Nationaliteit **65–66**
Natuur **112–113**
Noodhulp **83–84**

O
Ogen **39–40, 148, 152–153**
Onderweg **98–100**

Online **105–106**
Ontbijt **117–119**
Ontkennende vorm **38**
Ontspanning **108–109**
Onuitgesproken letters **13-14**
Oorsprong **15–16, 65**
Openbaar vervoer **100**
Opticien **152–153**
Outdooractiviteiten **108–112**
Overnachten **45, 115–120**

P
Parking **96, 98, 111, 117**
Paspoortcontrole **86–87**
Pijn **41–42, 148–149**
Planten **112–113**
Politie **47, 106**
Post **102–103**
Professionele situaties **35, 69–70,**
  142–45

R
Reizen **27, 86-87, 88–92**
Religie **75–76**
Reserveren **45, 115–16, 121**
Restaurant **120–132**
Richtingen **33–34, 99**
Rijden **47–48, 94–98**
Roken **139**

S
Schoenen **137–38**
Seizoenen **81**
Shopping **132–34**
Souvenirs **141–42**

Specialiteiten (eten) **123–124**
Sport **108–109**
Station **27–28**, **90–91**, **100**
Steken/beten **114–115**
Stomerij **135**
Strand **109–110**
Studeren **70**
Superlatief **31**
Symptomen (ziekte) **147–48**

T
Talen **62**
Tandarts **151–52**
Taxi **92–93**
Tegenwoordige tijd **26**, **30**, **35**, **44**, **48**, **51**
Telefoneren **29**, **103–104**
Tentoonsellingen **100–101**, **145-146**
Theater **49**, **107**
Thuis **31**
Tickets **88**, **91**, **100**, **101**, **107**
Tijdsaanduidingen **28**, **49**, **54**, **78–82**
Toekomende tijd **51–52**
Toilet **84–85**, **120**
Toiletartikelen **140-141**
Tradities **75–76**
Traditionele gerechten **123–24**
Transport **27**, **88–100**
Trein **27**, **90–91**
Tu/vous **15**, **57**, **63**

U
Uitchecken **120**
Uitdrukkingen **61**

Uitgaan **51**, **73–74**, **107**
Uitnodiging **72–74**
Uitspraak **13–14**, **19**, **23**, **35**, **45**

V
Vakantie **55**, **58**, **76**
Verbindingswoorden **39**
Verdwaald **34**
Verkeersborden **98**
Verleden tijd **45–46**, **49–50**, **55-56**
Verlies **91**, **106**
Versieren (amoureus) **74–75**
Vis **125–126**
Vlees **124–125**
Vliegtuig **88–90**
Voltooid deelwoord **46**, **50**
Voornaamwoorden **24**, **36**, **40**, **42**, **50**, **52**, **53**, **54**, **56**
Voorstellen (zich ~) **15–18**, **64**
Voorstellingen **107**
Voorwaardelijke wijs **26**, **37-38**
Voorzetsels van plaats **34**
Vous/Tu **15**, **57**, **63**
Vragen **27–28**, **41**
Vrouwelijk/Mannelijk **18**, **20**
Vrouwenarts **149**

W
Wasserij **135**
Wederkerende/wederkerige werkwoorden **16**, **49**, **53–54**
Weer **77–78**
Weg (de ~ vinden) **33–34**, **98–99**
Wensen **58–59**
Werk **35**, **69–70**, **142–145**

Wijn **130–132**
Willen **26**, **37**
Winkels **132–133**

Z
Zee **109–110**
Ziek zijn **146–154**
Ziekenhuis **146**, **150**
Zijn (werkwoord) **18**, **49-50**, **56**
Zwemmen **109–110**

Frans - Uitgavenr: 3446
Gedrukt in juli 2015 in Slovenië